天津市交通运输科技发展计划项目
天津市公路交通网络对经济发展的影响评价及优化研究（2015-R05）

国际航运中心形成与发展机理研究

范晓莉　著

南开大学出版社

天　津

图书在版编目(CIP)数据

国际航运中心形成与发展机理研究 / 范晓莉著.－天
津：南开大学出版社，2016.11
ISBN 978-7-310-04735-2

Ⅰ.①国… Ⅱ.①范… Ⅲ.①国际航运－航运中心－
研究 Ⅳ.①F551

中国版本图书馆 CIP 数据核字(2016)第 248163 号

南开大学出版社出版发行
出版人：刘立松
地址：天津市南开区卫津路 94 号　　邮政编码：300071
营销部电话：(022)23508339　23500755
营销部传真：(022)23508542　　邮购部电话：(022)23502200

*

天津午阳印刷有限公司印刷
全国各地新华书店经销

*

2016 年 11 月第 1 版　　2016 年 11 月第 1 次印刷
230×170 毫米　16 开本　11.125 印张　203 千字
定价：30.00 元

如遇图书印装质量问题,请与本社营销部联系调换,电话:(022)23507125

前　言

近年来，随着经济全球化进程的加快，国际航运中心建设的浪潮席卷全球。这使得我们加深对国际航运中心形成与发展的客观规律，特别是对其形成动因及其机理的认识，成为意义十分重大的课题。通过对国内外的研究文献进行梳理后，发现基于国际航运中心形成机理的理论基础研究明显不足，尚未运用数理模型来解释相关问题。因此，找到一个合适的理论框架来解释国际航运中心形成与发展机理，通过建立国际航运中心评价指标体系并对新加坡、中国香港、上海和天津四大港口城市进行比较，对于天津建设北方国际航运中心具有重要的理论意义和现实意义。

本书共分为六章：第一章为引言，系统阐述了研究背景、理论意义和现实意义。在提出问题后，围绕研究主题对现有文献进行了完整的回顾和分析，并提出了本书的研究思路、研究方法和创新点。第二章为国际航运中心形成与发展的微观基础。基于不同经济行为主体，根据特定空间的航运要素禀赋差异进行的区位选择和再选择，探索国际航运中心形成与发展的动态过程。根据不同类型航运企业的集聚扩散程度不同，将国际航运中心划分为货物集聚型国际航运中心、航运服务集聚型国际航运中心和全要素集聚型国际航运中心。第三章为国际航运中心形成与发展的理论模型。以异质性企业贸易理论为基础构建了两个区域、三个部门和一种要素的空间模型。模型较好地解释了单一航运中心经济形成与发展的理论机理，并在此基础上对货物集聚型、航运服务集聚型和全要素集聚型国际航运中心的形成与发展机理进行了理论的解释。第四章为国际航运中心演进影响因素的实证检验。本章建立了衡量国际航运中心发展水平和影响因素的指标体系，并运用协整分析和误差修正模型对国际航运中心演进过程中的发展水平和影响因素之间的长期均衡和短期动态关系进行验证。第五章为天津北方国际航运中心形成与发展的评价分析。本章选取新加坡、中国香港、上海和天津四个港口城市作为评价对象，并运用灰色关联分析方法对天津北方国际航运中心进行了单项评价和综合评价。第六章为天津建设北方国际航运中心的对策建议。本章在综合分析了国际航运中心的评价结果基础上，明确了天津建设国际航运中心的具体定位、重点建设内容和未来发展的对策建议。

本书的主要创新点为：第一，尝试提出国际航运中心形成与发展的这一动态过程的微观基础，即从不同经济主体区位选择的角度来分析国际航运中心形成的动态过程，为国际航运中心形成与发展机理的研究提出了一个新的思路；第二，尝试从企业异质性角度研究国际航运中心的形成与发展机理，并尝试建立国际航运中心形成与发展理论模型；第三，通过构建国际航运中心评价指标体系，对新加坡、中国香港、天津和上海国际航运中心进行单项评价和综合评价，指出了天津建设北方国际航运中心存在的优势和劣势，以及未来发展的方向。

目　录

第一章　引言

第一节　选题背景与研究意义

一、选题背景

（一）现实背景

近年来，随着经济全球化进程的加快，世界经济增长重心正在向亚太地区转移，中国的经济与对外贸易也在高速发展。与此同时，国际航运中心建设的浪潮席卷全球，尤其在中国沿海地区，各主要集装箱港口纷纷提出了国际航运中心的发展规划。这使得加深对国际航运中心形成与发展的客观规律，特别是对其形成动因及其机理的认识，成为意义十分重大的课题。

国际航运中心作为陆地与海洋交合的地理区域，依托现有港口和发达的经济腹地，成为了经济集聚与发展的核心地带和辐射扩散中心。纵观国际航运中心发展历程，国际航运中心主要经历了以航运中转和简单的货物集散功能为主的第一代"中转型"国际航运中心、具有高效率的货物集散和加工增值功能的第二代"加工增值型"国际航运中心以及具有综合资源配置功能的第三代"腹地型"国际航运中心三个阶段。在此过程中，国际航运中心的功能由船舶与集装箱的聚集地，逐步延伸到以航运业服务的金融、贸易、信息、法律等软件功能上，其所在地区也逐渐形成了国际经济的中心。国际航运中心的重要性表明，国际航运中心发展情况如何已成为衡量一个国家或地区社会经济发展水平高低的一个重要标志。

随着国际航运中心的功能不断升级，国际航运中心的建设与区域经济的发展日益紧密，其重要作用也在不断显现。一方面，建设国际航运中心，形成一个能与周边地区和国家竞争的现代化国际大港口，有利于增强综合国力，促进地区的服务业发展和对外开放，从而推动经济发展；另一方面，建设国际航运中心有利于吸引各类航运要素资源的聚集，带动地区产业升级和结构

1

调整，有利于区域经济与国际接轨，进而拉动区域经济增长。

因此，在这样大的现实背景下，实现与世界经济接轨和融合，提高港口功能，使其上升为国际航运中心，符合世界经济发展的趋势。目前，国际航运中心的建设已逐步被中国提升为国家战略，各大港口城市实际上已经肩负起在全球化时代提升中国国际竞争力、加快中国转型发展的历史使命。要实现这样的目标，必须从理论上深入分析国际航运中心形成与发展的内在机理，在此基础上，根据特定国际航运中心建设的现状探究存在的现实问题，从而有针对性地采取有效的政策推动国际航运中心的建设。

（二）理论背景

目前，国内研究领域对国际航运中心内涵的理解和表述较为全面，很多文献对国际航运中心的内涵、形成条件及发展模式等问题展开讨论和研究，并取得了一定成果。但总体来看，现有文献对国际航运中心的研究多为静态和定性分析，且主要探讨的是国际航运中心形成与发展的实践研究，从经济理论出发对国际航运中心开展动态和定量的研究较少。

在理论研究明显落后于实践发展的现实情况下，对国际航运中心形成与发展机理进行研究是非常及时和必要的。一方面，能够促进区域经济学的发展，推动国际航运中心的研究逐步向学术前沿领域靠拢；另一方面，能够拓展区域经济理论研究的广度和深度，将区域经济理论与现实问题结合起来，对于搭建国际航运中心形成与发展的理论体系、丰富和完善港口发展理论具有重要的学术价值。

为此，本书结合区域经济理论和国际航运中心建设的实践，对国际航运中心形成与发展的内在机理问题展开研究，从企业异质性角度建立了国际航运中心形成与发展理论模型，以期能为中国国际航运中心的建设提供参考。

二、选题的研究意义

（一）理论意义

本书的研究有助于国际航运中心理论的完善。从国内外关于国际航运中心的研究文献来看，目前对国际航运中心的理论研究尚不成熟，研究的重点大多关注国际航运中心形成条件的分析以及对现有国际航运中心发展模式的模仿，而忽略了国际航运中心形成与发展的本质。从经济学视角研究国际航运中心形成与发展机理，有助于进一步完善国际航运中心形成与发展理论，并从理论上为探寻建设国际航运中心的关键提供强有力的支撑。

本书的研究为国际航运中心的形成与发展提供了新的分析思路。目前直接以国际航运中心作为研究对象的理论研究很少，而深入到研究国际航运中心形成与发展机理的理论和实证研究更是稀少。因此，本书从企业异质性角度尝试建立国际航运中心形成与发展的理论模型，通过不同类型经济主体的区位选择来进一步解释经济活动究竟在哪里聚集的问题。此外，还通过对翔实的数据资料进行分析与研究，使得相关的政策建议更具有针对性。

（二）现实意义

本书的研究反映了我国建立现代国际航运中心的现实需要。随着经济全球化的发展，国际航运中心在世界经济中的地位和作用进一步提高。无论是对于一个国家，还是一个地区，国际航运中心的建立和发展都与其经济发展息息相关。但是我国目前仍处于筹建国际航运中心的阶段中，且缺乏具有强劲优势的港口和国际枢纽港。因此，从整体上明晰国际航运中心形成与发展的机理，把握其本质内涵，使其更好地应用到实践中去，不仅为我国建设国际航运中心提供基本需求，还对国家的政策制定及宏观调控具有一定的参考价值。

研究国际航运中心形成与发展的一般规律，有助于促进航运产业集聚区的发展。国际航运中心的形成与发展离不开航运产业的发展，特别是高端航运服务业的发展。因此，研究国际航运中心形成与发展的一般规律，有利于政府推进航运产业区域化布局，合理利用航运产业的相关资源，制定航运产业发展政策，促进我国航运产业集聚区的形成及稳定发展，有利于促进其他类型产业集聚区发展，同时还提供有益的指导。

对国际航运中心形成与发展的影响因素进行分析，可以为特定国际航运中心发展政策指明方向。培育和促进国际航运中心的发展和整合是促进临港区域经济发展的必由之路。通过对国际航运中心形成与发展机理进行分析，可以得出影响其形成和发展的重要因素。这样，各地区就可以结合自身的发展优势有针对性地重点发展有利的因素，从而为特定国际航运中心的发展政策指明方向。

第二节　文献综述

在改革开放政策和经济全球化的推动下，港口城市日益成为与世界各国及地区交流沟通的交点，同时港口的集聚与扩散对城市与区域经济增长的作用日渐突出，由此建设国际航运中心亦逐步成为学界研究的重点。近些年来，关于国际航运中心的理论和实证研究已经取得了阶段性成果。目前，关于国际航运中心的研究问题主要集中在研究国际航运中心的内涵、国际航运中心形成的必要条件、代际划分、演化机理以及国际航运中心的发展模式、功能定位和未来的发展方向等。下面就从国际航运中心的内涵、形成、发展以及国际航运中心的评价四个方面对相关文献进行综述。

一、国际航运中心的内涵

随着经济全球化和贸易自由化的不断发展，以海上运输为主体的航运经济逐步得到重视，世界各国也将国际航运中心的建设和发展作为区域经济发展的重要内容。在我国现阶段，随着港口城市的快速发展，依托于发达的腹地经济建立国际航运中心已成为地区经济发展的重要目标之一。因此，有关国际航运中心的研究也逐渐引起学术界的广泛重视，但是根据国内外研究发现，国际航运中心一词的内涵表达却有所不同。

（一）国内学者的研究

目前关于国际航运中心的定义尚未形成统一的界定，国内学者对国际航运中心内涵的理解主要有以下三种观点：

第一种观点认为国际航运中心可以被看成为国际化的港口城市，孙光圻（2004）、王杰（2007）、裴松（2008）、黄有方（2009）、金震东（2010）、张颖华（2010）、李智慧（2010）、马怡济（2011）等学者认为国际航运中心的概念是指"在某一国际都市圈或城市带范围内，取得公认的国际航运中心或枢纽地位，并以国际航运产业为核心纽带，带动所在和相关区域经济发展，促进相关产业合理布局，实现相关资源最佳配置的国际化港口城市"。这种港口城市不仅包括航运枢纽港所必需的硬件设施和为航运业服务的软件环境，还应该集聚航运业、航运服务业和航运物流业等要素和资源（曲宁，2001；段志强，2006；黄有方，2009；茅伯科，2009；马硕，2010）。

第二种观点认为国际航运中心为依托于区域中心城市的航运枢纽，罗萍和尹震（2003）、吴晓卉（2004）、刘长旭（2004）、段峰（2005）、杨赞（2006）、张丽丽（2009）、周令源（2009）等认为国际航运中心是"以国际贸易中转港为标志，航运要素齐全并形成规模，处于全球海运干线网络的重要节点，具有时代特征，依托区域经济中心城市，融国际贸易、金融、经济中心于一体，在某一个国际经济区域的港口城市群体中处于核心地位的航运枢纽"。

第三种观点则认为国际航运中心是航运活动要素的集聚地，体现一种区位功能的概念。杨健勇（2005）、李勤昌（2006）、张丽（2008）、龚高健和张燕清（2009）、许淑君（2010）、孙开钊和荆林波（2010）、郭永清（2011）、侯剑（2011）等学者认为国际航运中心是指航运活动集聚的中心，特别是高层次航运活动的集聚中心和国际航运资源的配置中心，更重要的功能应体现在航运金融、航运信息、航运知识等航运要素资源的高度集聚上，以实现有序高效的航运资源配置。

（二）国外学者的研究

相比之下，在国外学者的研究中用来表示国际航运中心的词汇有多种，其中具有代表性的表达方式主要包括以海运中心为主的 Shipping Center、以货运中心为主的 Cargo Center、以载荷中心为主的 Load Center、以海事要素聚集为主的 Maritime Cluster 四种类型。在这四种表达方式中，Cargo Center 和 Load Center 更多强调的是港口的货运和载荷等基本运输功能，尚未真正体现出国际航运中心的本质特征；Shipping Center 在国内学者中普遍接受度较高，但难以体现国际航运中心拥有的航运资源要素集聚特性；只有 Maritime Cluster 一词含有航运要素聚集的本质特征，能够有效地用来研究海事要素的空间聚集，较为符合现代国际航运中心所体现出的深层次内涵（王杰，2007；侯剑，2011）。

综上所述，通过对国内外研究文献的梳理可知，国际航运中心的内涵主要包括：依托于港口城市，使国际航运中心拥有广阔而发达的经济腹地，为国际航运中心的形成与发展提供物质保障；拥有国际航运枢纽地位，为航运要素资源的流动和配置提供运输保障；更为重要的是，围绕着港口城市和航运枢纽而形成的高层次航运活动的聚集，特别是以船舶融资、船舶经纪、海运保险、法律服务、船舶检验、教育培训以及信息通信等为主的现代化高端航运服务产业集聚的形成为国际航运中心的发展提供了方向。

二、国际航运中心的形成

（一）国际航运中心形成的必要条件

关于国际航运中心形成的问题，国内大部分研究文献对国际航运中心的形成条件进行了讨论。在 20 世纪 90 年代，随着国际航运中心对地区经济发展与国际贸易影响程度逐步提高，我国部分学者也开始对国际航运中心的形成条件进行了分析。屠启宇（1996）从宏观方面对国际航运中心的形成条件进行了探讨，认为随着国际航运中心模式的演进，形成航运中心的条件可分为口岸条件、区位条件、体制及政策条件、市场条件、技术条件和人文历史条件。徐剑华（1996）则从微观方面认为国际航运中心的形成需具备较为发达的航运市场，还应拥有完善的集疏运体系和港口运输服务水平。此后，马淑燕（1998）依据国际经验对国际航运中心的形成进行了总结，提出其必须具备辽阔的腹地、大型深水良港及集疏运交通网络系统三个最基本的条件。许长新和严以新（1999）也对国际航运中心的必备条件进行客观设定，除地理位置、港口条件、雄厚的经济实力、广阔的经济腹地、畅通的集疏运条件外，认为国际贸易中心、国际金融中心和国际信息中心的依托更为重要。进入 21 世纪以来，现代国际航运中心的形成逐步体现出新的特征，部分学者也提出了自己的观点。金凤君和王晖军（2002）认为在国际或区域性航运中心的形成中，信息、金融、管理以及其他基础设施的匹配作用是非常重要的，并强调在信息化背景下，国际航运中心绝不仅仅是运输意义的中心，而是具有多种功能的综合中心。此后，罗萍和尹震（2003）、孙光圻（2004）、韩汉君（2006）、王杰（2007）、龚高健和张燕清（2009）、陈雪剑（2009）、孙开钊和荆林波（2010）等学者也对此进行了研究，认为国际航运中心的形成应具备货源充足的广阔经济腹地、优越的地理位置、良好的港口条件和完善的港口设施、四通八达的集疏运网络、发达的金融中心和贸易中心、现代化的信息系统、成熟和发达的国际航运市场、开放和完善的政策法律环境等基本条件。

综观上述研究文献可以看出，关于国际航运中心形成条件的讨论存在逐步统一的趋势，即良好的区位条件是国际航运中心形成与发展的前提；经济腹地与现代化的集疏运网络是国际航运中心形成的基本要素；深水航道、深水集装箱枢纽港是国际航运中心运行与演进的基础；贸易、金融、保险、技术、法律和信息网络等航运市场条件是国际航运中心持续发展的驱动力量。

（二）国际航运中心形成的代际划分

随着时代的变迁，国际航运中心的内涵与特征也在不断的变化之中。同样，不同学者关于国际航运中心形成的代际划分的观点也有所差异。

第一种观点是根据联合国贸易和发展会议《第三代港口的港口市场和挑战》研究报告进行代际划分。按照不同历史阶段国际航运中心的基本特征，学者屠启宇（1996）、汪传旭（1997）、罗萍和尹震（2003）、李勤昌（2006）、杨赞（2006）、龚高健和张燕清（2009）等借用这一划分方法将国际航运中心划分为以货物集散、加工增值和综合资源配置为主要功能的三代。在此基础上，庄崚等（2010）进一步提出了第四代国际航运中心是"低碳智网型"模式，其基本特征为：（1）不但在港区城市节能环保、绿色海空港口、清洁燃料船队等领域要处于世界前列，而且要成为所在区域涉航碳排放资源（ET与 CDM）的交易中心；（2）塑造全球海空港智能网络；（3）第四代"组合港"将成为"低碳智网型"国际航运中心的主力港口；（4）实现全球资源优化配置能力；（5）打造以"智力密集型新兴产业"发展为主的全球航运服务。

第二种观点是根据三次产业革命为基本线索进行代际划分。王杰（2007）以三次产业革命为基本线索将国际航运中心划分为"伦敦时代""纽约时代"和"远东时代"，即 18 世纪末期产业革命促成的以伦敦为主要代表的第一代国际航运中心；19 世纪末期至 20 世纪初期随着第二次产业革命推动新兴产业和国际贸易的发展而形成的纽约国际航运中心；20 世纪七八十年代以来经济快速发展、科技进步以及全球经济一体化进程促使形成的中国香港、新加坡、东京、伦敦、纽约等第三代国际航运中心。

第三种观点是根据国际航运中心的基础航运、服务航运和智能航运业务进行代际划分。马硕（2010）从业务内容的角度将国际航运中心划分为三代，即"生产型的第一代国际航运中心，指基本航运业务聚集地，其兴衰周期短，可持续性弱；服务型的第二代国际航运中心，其主要业务是航运服务，可持续性则强得多；知识型的第三代国际航运中心，主要为知识型的航运业务，可持续性最强"。

第四种观点是根据服务对象、服务范围和服务功能对国际航运中心进行代际划分。茅伯科（2010）依据服务对象、服务范围和服务功能将国际航运中心划分为单极化、双核多中心和多中心特色化三代国际航运中心。

综合上述四种观点，国际航运中心的形成经历了不同的发展阶段。从基本功能来看，从以航运运输中转功能为主的低级阶段向实现综合资源配置功能的高级阶段不断演进。从产业革命来看，国际航运中心本质上是一定时期内经济活动的中心，它代表一个高效率且具有规模的物流集散和流转场所，同时还吸引着其他经济中心功能的集聚复合（王杰，2007）。从业务内容来看，也经历了从基础航运逐步向服务航运和智能航运业务转变，突出反映了现代国际航运中心发展过程中的航运服务业，特别是发展高端航运服务业的重要性。从服务对象来看，国际航运中心也从服务于本地贸易为主的单极化向服务于经济全球化为主的多中心特色化发展，实现了从区域性国际航运中心向全球性国际航运中心的跨越。

（三）国际航运中心形成的演化机理

目前关于国际航运中心形成机理研究主要从"腹地—城市—港口"的"港口体系"角度出发进行分析。关于港口体系集中化倾向的研究，最早始于美国地理学家塔弗等（Taaffe et al.，1963）对加纳和尼日利亚的港口体系进行的个案研究，他们提出了一个海港空间结构演化模型，显示出从诸多分散的小港口集中为几个大的港口，几个大港口又通过交通网络服务成为更大的腹地的过程。此后詹姆斯（James，1998）提出了港口基础设施的技术水平、航线的密集程度与码头的运作效率对经济腹地产生吸引力的结论。与此相反，海乌斯（Hayuth，1981）提出了集装箱港口体系的分散化倾向，认为随着港口体系进一步发展，规模不经济（港口缺少拓展的空间、进出海向腹地和陆向腹地的交通堵塞等）也随之出现，导致了小港口从枢纽港吸引班轮，进一步促使了集装箱港口体系的分散化。

在国内学者的研究中，安筱鹏等（2000）通过对国际集装箱枢纽港的形成演化机理与发展模式的研究，认为在集装箱枢纽港形成和发展过程中由于港口腹地经济的水平与规模、港口自身的自然条件和城市依托条件、港口在国际航线中的区位条件等的影响下，形成了中转型、腹地引致型和复合型的集装箱枢纽港。关于这个问题，曹有挥（2003）则更为强调竞争与合作这两种机制的彼此相互作用。类似地，徐杏（2003）提出了一种"双层次博弈模型"来研究各个港口的相关利益主体之间的博弈，为保证博弈各方都能取得相对最大的利益，在某些条件下可以采取某种合作关系，以更好地阐明相关港口之间的博弈关系。徐国平等（2007）认为，海上集装箱运输中轴辐式运输网络的形成是集装箱枢纽港产生的直接原因，其通过海上集装箱运输中的范围经济阐述了轴辐式运输网络形成的动因和条件，并通过集装箱枢纽港在轴辐式运输网络获取范围经济上的作用解释了集装箱枢纽港的形成机理。

通过对文献简单的梳理可以发现，在理论研究文献中基于国际航运中心形成机理的理论基础研究明显不足，目前仍缺乏运用数理模型来解释国际航运中心的问题。基于这一点，新经济地理学派较好地运用数理分析的方法对港口和交通枢纽演变为城市中心进行了模式化，藤田（Fujita，1996）从集聚效应和自我增强的角度对枢纽港口的形成与运行机制问题进行了研究。国内学者王杰（2007）则通过引入研究沉淀成本与进入壁垒的斯塔克尔伯格模型来解释国际航运中心的问题，并分别从规模经济、范围经济与国际经济的视角研究国际航运中心形成演化机理。黄顺泉和余思勤（2011）通过建立的二级单链全球供应链模型，运用 NetLogo 仿真平台计算供应链企业迁移到港口集群所需要的供应链产量规模、供应链成本、供应链利润等指标，认为港口作为全球供应链的重要节点有利于吸引供应链企业集聚，进而形成港口集群，然后根据古诺模型以及斯塔克尔伯格模型运用博弈论方法来研究全球供应链向港口集聚的经济效应。

三、国际航运中心的发展

（一）国际航运中心的发展模式

迄今为止，针对国际航运中心发展模式的探讨，学者们分别给出了各自的观点。最初的观点认为国际航运中心的发展必须拥有充沛的物流，尤其是集装箱物流，即必须是一个国际集装箱枢纽港（侯荣华，2000）。这种枢纽港作为国际航运中心的重要组成部分必须在空间上与其腹地有紧密的联系，即拥有较高的空间通达性（高汝熹、宋炳良，2001）。后续的研究中，周令源等（2009）也认为枢纽港是大多数国际航运中心的必备条件，并且枢纽港的发展对国际航运中心的建设起着极大的推动作用。

随着研究的深入，部分学者如徐杏（2003）、段志强（2006）、周令源（2009）、孙开钊和荆林波（2010）等从总体发展概况角度将国际航运中心发展模式划分为三大类，即以市场交易和提供航运服务为主的"伦敦"综合服务模式、以运输中转为主的"新加坡"中转模式和以腹地货物集散服务为主的"鹿特丹"腹地门户模式。而另一部分学者按照国际航运中心的具体发展要求提出了相应发展模式。金凤君和王晖军（2002）根据作用的大小将航运中心分为全球性、区域性和地方性的航运中心。王杰（2007）为更好地揭示出国际航运中心发展模式的本质与方向，根据不同的条件对国际航运中心进行了细分。同样，李智慧（2010）根据提供的服务内容、要素的境内外流动方式以及货物流动和相关服务的辐射范围对国际航运中心的发展模式进行了系统的分类。

（二）国际航运中心的功能定位

国际航运中心的功能定位与发展模式是息息相关的。一般来说，中转型国际航运中心的功能特征以货物集散为主，加工增值型国际航运中心的功能特征为主动集散调配产品并成为物流和调配中心，而综合资源配置型国际航运中心的功能特征为多种要素能够主动参与国际间的配置（屠启宇，1996；杨赞，2006）。

国际航运中心的功能定位要针对特定航运中心进行研究。孙光圻（2004）

对大连东北亚重要国际航运中心总体功能进行了定位，并提出了七大功能中心。李赖志（2005）则通过研究新加坡国际航运中心的发展情况，认为大连国际航运中心应以发展产业集群为依托，并提出应集中发展船舶制造、电子信息制造、机械装备、石化等产业集群。许淑君（2010）通过总结最为成功的伦敦资源配置型航运中心的发展经验，提出了上海应发展为资源配置型国际航运中心，建议从吸引航运要素聚集、促进资源高效配置和影响资源全球配置三方面进行发展。

国际航运中心的功能定位要体现航运活动集聚中心的特性。国际航运中心吸引着各种航运活动的集聚，特别是高层次航运活动的集聚，从功能上看它是航运决策、指挥与航运资源调配的中心（郭永清，2011）。一方面表现在航运服务业的集聚功能，特别是以航运业服务的金融、贸易、信息、法律等软件功能及综合资源配置功能为基础标志（许淑君，2010）；另一方面表现在大型航运企业的国际性总部或区域总部高度集聚，从空间上看是有关航运组织与机构在城市一定空间的集聚（郭永清，2011）。

（三）国际航运中心的发展方向

在国际航运中心的发展过程中，航运服务业尤其是高端航运服务业的重要价值逐步体现。徐步清和张媛（2011）认为发展国际航运中心的要点应集中在各种航运要素的聚集和航运服务产业体系的构建上。同样，计小青（2011）的研究认为目前各个国际航运中心城市将把建设高端服务型国际航运中心作为未来的发展方向。在其他相关的研究文献中，部分学者将研究视角转向探寻航运高端服务业的发展演化机理及发展模式，指出信息技术的融合、服务业内部的融合及与制造业的融合促进了高端航运服务业的产生和发展，航运高端服务业应以市场交易为主的伦敦模式和以知识经济驱动为主的新加坡挪威模式为重点的发展方向（任声策、宋炳良，2009；王列辉，2009；吴向鹏，2010）。另一部分学者则重点讨论了航运服务集聚区的形成与发展。费希尔等（Fisher & Associates，2004）重点研究了伦敦服务业集群的形成与发展。国内学者黄有方（2009）认为，发展航运服务业对于航运服务集聚区的形成起到了重要的基础性作用。高志军等（2011）将航运服务业进行了系统的划分，并提出了航运服务集聚区应以高端航运服务业为核心产业，以中间航运服务业和低端航运服务业为辅助产业的观点。

另外，除了将发展高端航运服务业作为各大航运中心的基本发展目标之外，学者们也针对特定国际航运中心未来的发展方向提出了不同的观点。关于东北亚航运中心的建设问题，吴长春和马晓雪（2007）认为，建设东北亚航运中心需要重点抓好人才战略，即需要一批高质量的航运专门人才，以及与航运直接相关的专业人才和非专业性的其他几类人才。吴晓迪（2011）进一步提出应把发展港口相关产业和加强基础口岸服务质量作为将大连发展成为东北亚国际航运中心的有效途径。关于上海国际航运中心的建设问题，林锋（2010）提出将上海国际航运中心建设成为全球航运资源的配置中心，实现沟通全球航运资源、产业资源与长三角、长江流域地区航运资源、产业资源的循环。姚璐（2011）认为，上海国际航运中心的建设应将"低碳技术"作为发展的突破口，以便降低燃料消耗和运营成本，减少碳排放。关于天津北方国际航运中心的建设问题，沈毅（2006）通过对天津的建设条件和功能定位进行系统分析，提出了天津建设北方国际航运中心的目标和措施。贾大山（2006）认为，天津应建设成为第三代的区域性国际航运中心，并对其核心功能进行了界定。王忠文（2010）认为，天津要想建设成为北方国际航运中心，应该注重组建海洋运输公司和远洋运输业务服务的中介机构，还必须拥有自己的造船工业体系，为建造北方国际航运中心奠定物质基础。关于厦门东南国际航运中心的建设问题，周跃（2012）对建设厦门东南国际航运中心进行了可行性研究，提出了厦门建设东南国际航运中心的目标。

四、国际航运中心的评价

（一）国际航运中心指标体系的构建

随着经济全球化的快速发展，国际航运中心已成为衡量一国或地区的经济实力和港口中心城市发展的重要指标。现有的文献主要是从国际航运中心的内涵、形成条件、代际划分、发展模式、国际比较以及航运中心建设存在的问题和发展方向等角度进行的理论分析，而对国际航运中心现象进行实证分析的研究仍然匮乏。就目前关于国际航运中心发展水平及影响因素的研究而言，学者们对国际航运中心现象进行了较为系统的定量研究。

一部分学者主要针对国际航运中心的建设与发展设立指标体系。上海市统计局工业交通处课题组（2012）依据基本的设计原则和上海国际航运中心行业范围的统计要求，从总量指标、基础设施、生产和经营情况、价格指数高低、航运服务指标、能源消费情况、苏浙沪地区运输体系发展情况、主要港口情况、主要机场情况等方面提出建设上海国际航运中心指标体系的基本框架。姜超雁等（2012）运用投入产出乘数模型，从基础设施建设、港口运营、航运业务、航运金融、集疏运服务、管理与服务等方面分析上海国际航运中心建设和发展的经济贡献和社会贡献。张婕姝和周德全（2012）在研究国际航运中心的发展历程及内涵演变规律的基础上，选取了基础航运服务业和高端航运服务业相关指标，从横向和纵向对上海国际航运中心的建设情况进行了定量比较研究。高伟凯（2012）以天津北方国际航运中心建设为例对国际航运中心的发展进行了实证研究，他认为区位优势、港口基础设施、服务配套设施、航运市场环境和政策环境等因素是衡量国际航运中心的重要条件。龚道前（2012）则是以伦敦国际航运中心为研究对象，以港口吞吐量和航运服务业就业人数作为国际航运中心发展水平的指标，以经济发展情况、区位优势和政策稳定性作为国际航运中心演进影响因素的指标，运用协整检验和格兰杰因果检验来研究伦敦国际航运中心演进过程中的发展水平，以及影响因素之间的长期均衡和短期波动关系。

另一部分学者则通过设立指标体系来研究国际航运中心与国际金融中心之间的相互关系。朱慧（2008）以集疏运能力、腹地经济、港口生产技术水平和航运市场软环境作为国际航运中心的衡量指标，以金融发展水平、金融国际化水平和金融市场软环境作为国际金融中心的衡量指标，运用典型相关模型证实上海国际航运中心与国际金融中心之间存在关联性。在此基础上，任声策和宋炳良（2010）则以上海市金融业国民生产总值作为衡量国际金融中心的指标，以上海市港口货物吞吐量作为衡量国际航运中心的指标，进一步研究了国际金融中心与国际航运中心的互动发展及因果关系，结果显示，国际航运中心和国际金融中心之间具有密切的相互关系，但两者的格兰杰因果关系并没有得到很好的验证。

（二）国际航运中心评价方法的选择

关于国际航运中心评价的文献研究，有学者从不同的视角分析和阐述了国际航运中心发展过程中存在的问题、发展的现状、影响因素及发展方向。最初关于国际航运中心评价的研究主要采用SWOT分析的方法，基于港航企业的竞争、物流的发展和建设以及集装箱运输的市场竞争等具有相对优势方面评价了上海国际航运中心的发展情况（徐杏，2003）。此后，有些学者的研究则通过构建包含人口子系统、经济子系统、交通子系统、能源子系统和环境子系统的系统动力学模型，从系统动力学角度对大连国际航运中心发展的战略环境进行评价（徐凌，2006）。而有些学者的研究则通过集对分析和模糊评价方法对国际航运中心竞争能力、发展水平以及物流效率进行了综合评价。

其中，王鹏（2005）选取了青岛和大连两个城市的港口竞争力、区位条件及与周围港口关系三个指标构建了衡量国际航运中心竞争力的指标体系，并运用模糊评价技术对其进行了系统的分析。而王杰（2007）则将集对分析和模糊评价两种方法相结合并选取了 13 个指标对国际航运中心的发展能力进行评价，指出了鹿特丹、纽约、伦敦、新加坡和中国香港国际航运中心位居前列，又进一步明确了我国建设国际航运中心的发展方向。倪程程（2012）采用模糊综合评价法对国内 9 个口岸城市的物流效率进行了综合评价，并指出了基于物流效率方面上海国际航运中心的优势和劣势。

除此之外，主成分分析法、灰色关联分析法、层次分析法、证据推理法以及 DEA 分析方法相继被运用到国际航运中心的评价研究中。朱慧（2008）建立了国际航运中心和国际金融中心的指标体系，并运用主成分分析方法评价国际航运中心与国际金融中心的发展水平，得出了二者之间存在关联性的结论。沈隽和胡昊（2009）基于定量角度运用灰色关联分析方法证实了国际航运中心与金融中心之间存在着相互影响关系，得出了金融业对航运业的影响程度更强的重要结论。郭逸春（2012）运用层次分析法与灰色关联模型的分析方法对天津北方国际航运中心的代际划分进行研究，认为天津北方国际航运中心正处于第二代服务型国际航运中心的完善阶段这一结论。金震东（2010）通过运用层次分析法和证据推理法对国际航运中心软实力进行评价，以便明确国际航运中心未来发展方向。倪程程和林国龙（2012）采用 DEA 分析方法得到的港口纯技术效率、规模效率和综合效率对鹿特丹、新加坡、上海、天津等 8 个国际航运中心的物流效率进行评价，以期促进上海国际航运中心的合理发展。

五、对已有文献的评论

上述的文献梳理工作，概括地展示了国际航运中心形成与发展的全貌。

首先，梳理了国内外学者对国际航运中心内涵的观点。虽然"国际航运中心"一词在国内外学者中的认可度不同，但是国内外学者关于国际航运中心的本质内涵大都体现在要依托于港口城市及经济腹地、要拥有国际航运枢纽地位及要形成高层次航运活动的聚集等方面的影响上。

其次，从国际航运中心形成的必要条件、代际划分和演化机理三方面对国际航运中心的形成进行了综述。不难发现，国际航运中心的形成离不开良好的区位条件、发达的经济腹地与现代化的集疏运网络、深水航道和深水集装箱枢纽港以及贸易、金融、保险、技术、法律和信息网络等航运市场条件。我们还知道，国际航运中心是一个发展的概念，其内涵和特征也是在不断的变化之中，因此随着基本功能的提升、产业革命的演进、业务内容的转变和服务对象的升级，国际航运中心也必将从低级形态向高级形态转变，进而形成特征不同的阶段。同样，以往的文献关于国际航运中心的形成演化机理研究也主要是从"腹地—城市—港口"的"港口体系"角度出发进行分析，也有部分学者运用新经济地理模型、斯塔克尔伯格模型、NetLogo 仿真模型和博弈论相结合来解释与国际航运中心相关的港口和交通枢纽形成演变问题。

再次，关于国际航运中心发展方面的综述主要是从发展模式、功能定位及未来的发展方向三个角度展开的。国际航运中心经历了一个由简单到复杂的发展过程，其布局和功能也在不断演变，因此学者们借鉴伦敦、纽约、鹿特丹、新加坡等发达的国际航运中心的发展经验，较为系统地提出了国际航运中心的不同发展模式及功能定位。在国际航运中心未来发展方向的文献中，大部分观点主要集中在发展航运服务产业体系，特别是重点发展高端航运服务业；另一部分观点则认为还应把航运人才、低碳航运技术、造船工业体系等作为发展目标，努力建成全球航运资源的配置中心。

最后，基于国际航运中心评价的文献综述可知，一方面，学者们对国际航运中心现象进行了较为系统的定量研究。目前，在部分学者的研究中已采用了一些量化的国际航运中心的建设及演进影响因素指标进行实证检验，并通过设立国际航运中心发展的指标体系来研究国际航运中心与国际金融中心之间的关系。但是，这些文献的分析方法或较为简单，或只提出指标体系而没有实际应用。另一方面，针对国际航运中心的评价方法很多，并且被学者广泛应用于多种问题的研究与验证中，但是大多数的关于国际航运中心评价的文献是针对国际航运中心与国际金融中心之间关系的研究，以及针对上海国际航运中心或大连国际航运中心的研究，而针对天津北方国际航运中心形成与发展进行评价分析的文献较少。在已有的文献中，一些研究主要是从代际划分角度进行的综合评价，其文献中所涉及的国际航运中心参考数列则是采用专家评价法进行主观赋权而展开研究的；而另外一些研究虽提出了一些国际航运中心的特征指标，但仍停留在理论阐述阶段，缺乏对天津北方国际航运中心现实情况的实证检验。

综上所述，上述文献结合现实中的国际航运中心运行情况进行的经验分析，得出了有一定参考价值的结论，也证实了航运资源要素的集聚与扩散在一定程度上促进了国际航运中心形成与发展这一论点。然而，在新加坡、中国香港等地区为什么会形成国际航运中心？除了具备上述的形成条件外，其本质原因是什么？国际航运中心形成的动态过程如何？这些问题在上述文献中没有体现出来。此外，在目前的理论研究文献中基于国际航运中心形成机理的理论基础研究明显不足，尚未运用数理模型来解释相关问题。找到一个合适的理论框架来解释国际航运中心形成与发展机理，对于在我国建成国际航运中心具有重要的理论意义。此外，本书尝试建立一套较为全面的衡量国际航运中心发展水平和影响因素的指标体系，然后运用协整检验方法和 VAR 模型对国际航运中心发展水平和各种影响因素之间的长期均衡和短期动态关系进行验证，并指出这种量化指标之间的关系及其所对应的经济含义。目前重点建设的天津北方国际航运中心，与发展较为成熟的新加坡、中国香港国际航运中心相比存在哪些差距？天津北方国际航运中心属于哪种类型的国际航运中心？针对这些问题的相关研究较少，本书也将针对这两个问题进行研究，以丰富和发展国际航运中心形成与发展的案例研究，并为天津进一步建设北方国际航运中心提供一些参考。

第三节　本书的研究思路、研究方法与创新点

一、研究思路

正如前文所述，本书的选题主要来源于理论和现实两个方面。在提出问题后，围绕研究主题对现有文献进行完整的回顾和分析，这部分内容构成了本书的第一章。通过对国际航运中心的内涵、形成与发展等问题的研究文献进行梳理，发现其在不同视角下取得了较大进展，并出现了一批优秀研究成果。然而，在理论研究文献中基于国际航运中心形成机理的理论基础研究明显不足，目前尚未运用数理模型来解释国际航运中心的问题，此外，已有文献并不能很好地解释国际航运中心形成的本质原因及其动态过程。为了更好地解释国际航运中心形成与发展机理问题，根据"经济行为主体根据特定空间的要素禀赋差异进行区位选择"这一观点对其进行理论解释，探索国际航运中心形成与发展的动态过程，并明确研究的切入点，此为本书的第二章。

提出解决问题的切入点之后，下一步就需要考虑将问题置于一个合理的

理论分析框架中去。因此，在此基础上，本书的第三章以梅里兹（Melitz，2003）①为代表的异质性企业贸易理论为基础，放松新经济地理学模型的同质性假定，用生产率差异的异质性企业代替新经济地理学的同质性企业，使其更加切合现实中企业的经济行为，或许能为解答上述问题提供一个崭新的思考方式和破解思路。

而本书的第四章，在第二章、第三章所设置的理论分析背景下，运用向量自回归和误差修正模型来分析货物集聚型、航运服务型和全要素集聚型国际航运中心形成与发展的影响因素。

本书的第五章是针对天津北方国际航运中心进行评价分析，运用灰色关联分析的方法对天津北方国际航运中心演进影响因素进行了单项评价，对天津北方国际航运中心发展水平进行了综合评价。

本书的第六章，尝试挖掘本书理论分析所具有的实际应用价值，并提出天津建设北方国际航运中心的目标定位、重点建设内容和对策建议。

二、研究方法

在研究过程中，本研究中借鉴了区域经济学、空间经济学、计量经济学、产业经济学等学科的一些理论与方法。利用了相关学科的国内外研究成果，既注重理论推理和演绎，又重视实证检验和案例分析。本书拟采用文献分析法、数理模型与计量分析相结合、定性分析与定量分析相结合、对比研究法和案例研究法来探讨国际航运中心形成与发展的内在机理问题。

三、创新点

第一，尝试提出国际航运中心形成与发展的这一动态过程的微观基础，从不同经济主体区位选择和区位再选择的角度来分析国际航运中心形成的动态过程，为国际航运中心形成与发展机理的研究提出了一个新的思路。

第二，尝试从企业异质性角度分析国际航运中心形成与发展的路径。以梅里兹（Melitz，2003）为代表的异质性企业贸易理论为基础，放松新经济地理学模型的同质性假定，用生产率差异的异质性企业代替新经济地理学的同质性企业，使其更加切合现实中企业的经济行为，或许能为解答均质空间假设存在的问题提供一个崭新的思考方式和破解思路。本书从企业异质性角度来研究国际航运中心的形成与发展机理，并尝试建立国际航运中心形成与

---

① Melitz, M. J. The Impact of Trade on Intra-Industry Reallocations and Aggregate Industry Productivity. Econometrica, 2003, 71(6): 1695~1725

发展理论模型。

第三，尝试构建国际航运中心形成阶段与发展水平的评价指标体系，并运用灰色关联分析方法对天津与其他国际航运中心演进影响因素进行单项评价和国际航运中心发展水平综合评价，指出了天津建设北方国际航运中心存在的优势和劣势，以及未来发展的方向。

第二章 国际航运中心形成与发展的微观基础

第一节 航运要素及航运要素禀赋概述

一、要素禀赋理论综述

对航运要素的分析，是研究国际航运中心形成与发展的起点。从已有的经济理论来看，自威廉·配第的"土地是财富之母，劳动是财富之父"名言开始，各流派经济学家便把生产要素纳入各自的研究范围。关于要素及要素禀赋的讨论可以溯源至亚当·斯密的《国富论》。斯密的要素和要素禀赋理论不但涵盖了劳动、资本和土地等经济要素，还涉及了地理条件和自然要素禀赋，以及技术和制度等新型要素范畴。斯密（1776）认为，国际分工的基础是有利的自然禀赋或后天的有利条件，因为有利的自然禀赋或后天的有利条件可以使一个国家生产某种产品的成本绝对低于别国，而在该产品的生产和交换上处于绝对有利地位。各国按照各自的有利条件进行分工和交换，将会使各国的资源、劳动和资本得到最有效的利用，从而大大提高劳动生产率和增加物质财富，并使各国从贸易中获益，这便是绝对优势理论的基本精神。此外，斯密还认为区域经济的率先发展很大程度上来自水路运输的作用，[①]在斯密看来良好的水运资源对于区域中心市场的形成起到了至关重要的作用。

随后在亚当·斯密的绝对优势理论的基础上，大卫·李嘉图提出比较优势理论，由此进入了专注研究资本、劳动、技术和制度等经济要素范畴的时代。此后的新古典比较优势理论在古典的李嘉图模型的基本思想的基础上运用新的工具和方法进行研究，并强调技术差异对于国际贸易的决定性影响。在李嘉图之后，约翰·穆勒对斯密的要素禀赋理论进行了继承和发展。他在

---

① 亚当·斯密著.国民财富的性质和原因的研究.杨敬年，译.西安：陕西人民出版社，2001：24.

《政治经济学原理》一书中认为生产要素应包括劳动、适当的自然物品以及资本，同时还特别分析了技术这一要素的作用。

20世纪新古典贸易理论进入新的发展阶段。瑞典著名经济学家俄林和他的老师伊·菲·赫克歇尔系统地提出了要素禀赋理论。赫克歇尔-俄林（H-O）模型认为，如果各国或地区的生产技术和消费者偏好相同而要素禀赋不同，那么在自由贸易条件下各国或地区都倾向于出口要素资源丰富的产品。H-O模型假定各国生产技术相同而规模报酬不变，论证了国际贸易发生的根本原因是由该国的要素禀赋的差异所决定的。在此基础上，萨缪尔森等人对该理论进行了发展，进一步提出要素价格均等化理论，使得要素禀赋理论最终成为新古典学派一般均衡理论的分支。由于萨缪尔森的基础性贡献，这一理论又称为赫克歇尔-俄林-萨缪尔森定理（H-O-S定理）。

按照亚当·斯密等人的观点，资本、劳动、土地、技术、知识和制度等经济要素都是决定经济行为的主要因素。此外，自然要素和地理状况特征等非经济要素同样会影响和制约人们的经济行为，对社会经济活动产生一定的影响。

二、航运要素界定及其分类

（一）航运要素界定

国际航运中心是一种功能性的综合概念。从国际航运中心定义的发展来看，国内外学者分别从航运枢纽、资源配置、航运服务业和港口城市等角度对国际航运中心进行了定义。其中较具有代表性的观点有三种：一是指国际化的港口城市，这种港口城市不仅包括航运枢纽港所必需的硬件设施和为航运业服务的软件环境，还应该集聚航运业、航运服务业和航运物流业等要素和资源；二是指航运要素集聚中心，即各种相关航运要素集聚地，体现一种区位功能的概念；三是指国际航运资源的配置中心，其功能体现在航运金融、航运信息、航运知识等航运要素资源的高度集聚上，以实现有序高效的航运资源配置。总之，国际航运中心是指以综合经济实力较强的港口城市为依托，集发达的航运市场、完善的服务体系、丰沛的物流、众多的航线于一体，集聚各种航运要素的国际化港口城市。

由上述观点可知，航运要素集聚或配置已成为衡量国际航运中心的重要标志。一般认为，要素作为经济活动的客观基础，是生产活动必须具备的主要因素或在生产中必须投入的或使用的主要手段。这里所谈的航运要素是指直接影响航运生产活动的要素，主要包括如港口自然条件和地理状况特征等航运基础要素，以及如劳动、资本、商品、运输能力、航运市场、信息技术以及制度等航运经济要素。这些要素都是决定国际航运中心形成与发展的主要因素，而且这些内容随着时代的发展也在不断发展变化。

（二）航运要素分类

航运经济要素是指直接影响航运经济行为的要素。航运基础要素是指不直接影响航运经济行为的要素。但是，两种要素均对国际航运中心的形成与发展发挥着作用。如上所述，航运经济要素主要包括航运劳动力资源、资本、商品、运输能力、航运市场、信息技术和制度等要素，且这些要素并不是固定不变的，其内容会随着时代的发展而变化。航运基础要素则主要是指港口自然条件和地理状况特征等先天航运要素，这些要素在一定程度上也影响着航运经济活动主体的行为，但是经济行为并不能支配航运基础要素的作用。基于此，本书将航运要素划分如下：

第一，港口自然条件和地理状况特征。港口的自然条件和地理状况特征作为航运基础要素，并不直接影响航运经济行为，但其对港口的发展非常重要。一个集装箱港口若想成为国际航运中心，首先必须具备接近国际主干航线的战略地理位置、优良的深水航道和得天独厚的港口自然条件。其包含的主要方面如下：气象与气候情况、自然灾害发生概率、港口水文、航道宽度与水深、泥沙状况、波浪条件、港口与国际航运干线的距离。

第二，航运劳动力资源。航运劳动力资源是指临港区域内的人口总体所具有的劳动能力的综合，是存在于人的生命机体中的一种经济资源。研究临港区域内劳动力资源对国际航运中心形成与发展的影响必须从数量和质量两方面考虑。航运劳动力人数的多少，是其数量的体现，而航运劳动力的劳动能力、科学技术知识、专门的劳动技能和生产经验则是航运劳动力资源质量的反映。

第三，资本。在现代经济发展中，生产投入的要素主要有三个方面，即自然资源、劳动力和资本，这里的资本指的是以机器、设备及厂房为主的物质资本。对于国际航运中心形成与发展来讲，资本则为多元资本的集合，包括工业资本、商业资本、金融资本和人力资本等。大规模、多元化的资本集聚，有助于口岸区位优势转化为功能齐备的航运中心。

第四，商品。商品是指用来交换的劳动产品，这里主要指各种货物资源。经济中心城市拥有的商品流量，一方面为国际航运中心的运行提供有力的支撑；另一方面影响着特定区域内的航运市场和产业，使得其在港口城市的竞争中脱颖而出，促进国际航运中心的形成和发展。

第五，运输能力。运输能力作为航运经济的另一要素，其作用表现在两方面：一是海洋运输可以大大缩小运输成本，并且拥有近距离的供给来源和销售市场的优越条件，以及有效减少航程的次数；二是大口岸拥有良好的货物运输条件，可以促使劳动力和资本等要素更好地集中。运输能力主要包括以下几个方面：陆上运输网、航空运输网、内支线网络、国际近洋班轮状况、国际远洋班轮状况，以及运价水平和多式联运水平。

第六，航运市场。航运市场有狭义和广义之分。狭义的航运市场指的是各类航运交易所，如伦敦航运交易所、波罗的海航运交易所、上海航运交易所等。广义的航运市场是指航运业的交易关系。交易的对象就是航运服务，其中比较重要的是保险市场、金融市场、修造船市场、货运代理市场和船舶代理市场。

第七，信息技术。随着知识经济时代的到来，信息和技术要素逐步成为影响国际航运中心形成与发展的新型航运经济要素。现代国际航运中心应具备现代化的信息技术的广泛应用，以便更好地参与市场竞争。国际航运中心的信息技术条件包含两个方面：一是指支持国际航运中心高效率运作的技术条件；二是指具备收集国内外的航运货物流通信息及船舶运输调度信息的网络条件。

第八，制度。国际航运中心作为成熟和发达市场经济区域的一个组成部分，应建立一个积极扶植的政策环境、良好的法律环境以及高效的政府服务，为参与国际航运活动的各个主体创造便利、安全的经营环境，并提供高端、优质的航运服务等。

三、航运要素的动态累加

航运要素是国际航运中心形成和发展的客观基础。这一基础条件的变化也是国际航运中心未来发展的根本动力。从本质上来讲，无论是航运经济要素还是航运基础要素都是处于动态变化之中。从时间维度来看，短期内港口自然条件和地理状况特征等航运基础要素很难发生实质性改变，可看成既定不变的，而劳动力、资本、商品、运输能力、航运市场、信息技术和制度等航运经济要素随着时间的延续，要素数量上的变化、内容上的变迁以及内涵的扩展都会通过时间维度体现出来；同样，从空间维度来看，也会呈现航运要素的空间累加效应。具体的累加效应表现如下：

第一，港口自然条件和地理状况特征的自我加强效应。作为航运基础要素的港口自然条件和地理状况特征，由于其所具有的不可流动性、不可替代性以及不可复制性，成为了国际航运中心形成与发展的关键因素。这些航运中心固有要素不断累积自己的优势特征，并加强自身的价值，这也是航运基础要素自我加强的过程。

第二，商品、资本和劳动力的空间集聚效应。商品、资本和劳动力的累积可以通过空间的集聚和扩散得以表现。商品的集聚是航运活动存在和发展的目的和动力，围绕着商品的集聚也产生了大量的装卸、代理和交易等航运服务活动的集聚。而各种航运活动的集聚，基于发展的需要，也必将引起资本和航运劳动力资源的集聚，也就是说，当资本（劳动力）在航运活动集聚区获得较高的资本收益率（报酬）时，则表现出向该区位集聚的态势，并不断持续下去。

第三，运输能力的后方协调效应。集疏运网络系统是由众多的运输线路（铁路、公路、内河航线、沿海支线等）、运输工具（铁路车辆、公路车辆、内河运输船舶、沿海近洋运输船舶等）和若干集装箱货物集散点（码头堆场、货运站、内陆货站、铁路办理站、公路中转站、内河码头、支线港、货主工厂仓库等）组成的覆盖枢纽港及其周边地区的网络系统。发达的交通运输网络通道，一方面保证各种货物源源不断地汇集到航运中心及其服务区进行销售、加工、储存和转运；另一方面通过调配有形商品的功能，集聚商品、资本、信息和技术等要素，确保航运中心通畅和稳健运行。

第四，航运市场的规模经济效应。国际航运市场是涉及各类国际航运服务的需求者与供给者就各类国际航运服务所形成的交易关系。随着航运交易的发展，国际航运市场逐步走向成熟，并通过航运交易与服务要素的集聚产生规模经济优势，从而不断地降低交易成本，提高交易效率，吸引全球的航运机构和企业参与航运市场的交易，由此形成国际航运企业与航运服务机构向国际航运中心的集聚（计小青，2012）。

第五，信息技术的创新效应。根据新经济增长理论，技术创新和知识溢出是促进经济增长的重要因素。对于国际航运中心的形成与发展来说，新航运知识的出现促进了信息技术创新，这种信息技术创新在产业、企业及部门之间转移，不断提高竞争力，又会促进信息技术创新能力的提高。也就是说，随着航运知识时代的到来，与国际航运有关的信息的收集、处理、分析及颁布的专门机构，研究及咨询机构，航运出版业等相继出现，促成了与国际航运相关的新标准的制定、新理念的形成、新方法的应用以及新技术的产生，进而导致了海事管理机构、行业协会、航运组织、海事仲裁以及与航运相关的企业的总部等航运界重要组织和决策制定机构的集聚。

第六，航运制度的变迁效应。新制度经济学认为制度也是一种生产要素，在决定一个国家经济增长和社会发展方面，制度具有决定性的作用。航运的法律、规则、标准等制度的制定和实施体现了国际航运中心配置资源的能力。有效的航运制度变迁会沿着预定的方向快速推进，并能极大地提高航运活动行为主体的积极性，充分利用航运中心现有资源来从事收益最大化的活动，促进航运市场的发展和航运中心的经济增长，这反过来又成为推动航运制度进一步变迁的重要力量，由此产生累积效应，逐渐形成稳定的制度结构，并成为航运中心制度进一步变迁的基础。

四、航运要素禀赋的内涵及条件

（一）航运要素禀赋内涵

关于要素禀赋的内涵演进问题，郝寿义（2007）从经济性要素在时间和空间维度的动态演变而形成相对稳定的要素禀赋角度进行了理论解释。本书以此为基础来分析航运要素禀赋的内涵。如图 2.1 所示，航运要素同时在时间维度上变迁演进和空间维度上动态累积，随着时间的推移航运要素将出现数量上或内容上的变化，而在空间上航运要素则不断地出现动态累积，直到某个时候达到稳定状态，此时的航运要素就内化为航运要素禀赋的概念。

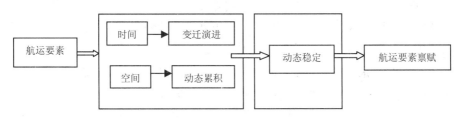

图 2.1　航运要素动态演进与航运要素禀赋的内涵①

资料来源：郝寿义. 区域经济学原理. 上海：上海人民出版社，2007：56.

航运要素禀赋是指国际航运中心所具备的航运要素经过时间维度的变迁演进和空间维度的动态累积而达到稳定状态时所表现出来的资源禀赋状况。这里的资源禀赋不仅包括得天独厚的地理位置和天然良港的优势资源等天然

---

① 本书借鉴了郝寿义（2007）的《区域经济学原理》中第 56 页关于"经济性要素动态演变与要素禀赋的内涵"的图示分析。

航运要素禀赋，还包括航运经济活动主体在航运中心地区上进行航运活动所形成的后天航运要素禀赋。

航运要素禀赋是航运要素的客观基础条件，是经过航运要素变迁演进和动态累积而重新形成的稳定状态。这种稳定状态是相对的和暂时的，它会在更高层次上表现为航运要素的重新累积和演变，从而出现"航运要素→航运要素禀赋→航运要素→航运要素禀赋"螺旋式动态变化形式，国际航运中心的发展也会随着这种螺旋式的航运要素变迁向更高层次的国际航运中心转变。因此，随着经济全球化的发展，航运要素禀赋也将成为国际航运中心形成与发展的根本条件。

（二）航运要素禀赋条件

一般而言，国际航运中心形成与发展的航运要素禀赋条件包括：区位优势条件、港口发展条件、交通运输条件、航运市场条件、综合服务条件和制度支持条件等。

1. 区位优势条件。国际航运中心的区位是指航运中心所在城市区域与其外部的自然、经济、政治等客观因素在空间上相结合的特点，有利的结合就是区位优势（计小青，2012）。一是国际航运中心拥有的广阔经济腹地。腹地经济发达，进出口的货源充沛，特别是集装箱的货流大，能够为国际航运中心的运行提供坚实的支撑。二是接近国际主干航线，具有通达的战略位置。三是具有便利的水陆空集疏运及优越的港口自然地理条件，利于各种航运要素的空间集聚。因此，区位优势条件由于其唯一性和相对垄断性已成为国际航运中心的形成与发展的重要的基本条件。

2. 港口发展条件。国际航运中心形成与发展离不开具有优越条件和提升空间的枢纽港口。港口发展条件主要体现在两方面：一是港口自身条件。随着船舶的日益专业化和大型化，对于枢纽港口的要求也越来越高，建设符合一定规格的深水港和深水航道，具有足够规模的码头泊位等基础设施条件的港口已成为了国际航运中心必备的硬件条件。此外，如港口吞吐量及增长率，码头设备技术水平，泊位前沿水深、长度及数量，堆场及仓储能力等港口生产技术水平也是国际航运中心建设发展的最直接影响因素。[1]二是港口持续发展条件。枢纽港口可持续发展能力直接影响了国际航运中心未来发展的程度和水平。影响港口持续发展的条件主要有围绕海港而形成的高度发达的基

---

① 计小青. 上海国际航运中心建设的金融引擎. 上海：上海财经大学出版社，2012.

础设施和优质服务氛围、发达的运输网络，以及港口预留用地和预留码头岸线等。

3. 交通运输条件。发达的交通运输系统是支持国际航运中心建设、促进腹地经济互动发展、保证运输物流畅通的重要保障，并带动所在区域发挥集聚和扩散效应。因此，国际航运中心应有发达的交通运输网络通道条件。首先，拥有由铁路、公路、沿海、内河及航空等组成的高度发达的集疏运网络系统，是确保国际航运中心通畅和稳健运行的基本条件，有利于带动各种航运要素的集聚和扩散。其次，较好的航运基础设施建设，能够提高区位优势，加强与腹地经济的联系。再次，集疏运休系拥有先进的组织运营管理和综合信息服务系统，有利于物流运输经济效益的提高和港口运输的现代化，促进港口多式联运发展。

4. 航运市场条件。发达的航运市场是国际航运中心形成与发展必备的条件。成熟的航运市场拥有国际航运服务的需求方、供给方以及供求双方的代理人、经纪人，为航运交易提供便利的条件。健全的航运市场拥有一个开放、公平、信用、竞争的航运市场环境，可以保证航运交易正常有序运行。完善的航运市场拥有丰富的航运产品体系，有利于吸引大量的国际航运服务机构和航运企业集聚。

5. 综合服务条件。优越的综合服务条件，包括金融、保险、通信、信息、生产生活服务以及海关、检验、仲裁、理赔等国际航运业务的条件。首先，完善的金融服务体系和金融服务功能有利于航运投资和融资、贸易清算和结算、航运保险服务等作用的发挥，为航运业的发展提供方便和强有力的保障。其次，港口信息化、贸易通关信息化和集疏运信息化等信息技术的广泛应用对国际航运中心的发展起到了推动作用，而国际权威的航运咨询公司、船级社、信息服务公司以及专业的航运报刊等构成的航运信息网络为航运业的发展提供必备的知识和信息。最后，国际航运交易、海运保险、海事技术服务、海事法律与监管、海事研究与交流等服务条件也成为国际航运中心发展的重要航运业务条件。

6. 制度支持条件。国际航运中心的顺利和有效运行离不开开放和完善的政策法律环境，因此应建立起一套与之相匹配的国际航运制度体系。国际航运中心应建立有利于航运业发展的制度支持体系，同时在通关、商检、转运、存储、监督等方面予以方便，在税收减免、资金融通、外商投资方面予以优惠，在政府机构服务的职能、质量、效率、成本及态度方面提供优质服务。

第二节　基于航运要素禀赋的航运企业区位选择

一、企业区位选择理论

区位论是研究经济行为的空间选择及空间内经济活动的组合理论。自区位理论形成以来，大致经历了传统区位理论、近代区位理论、现代区位理论三个阶段。其中传统区位理论主要包括古典区位理论和新古典区位理论，在古典区位理论中，以杜能和韦伯为代表，开始了个体的区位选择分析；而新古典区位理论则以克里斯塔勒和廖什为代表，主要关注市场对区位的影响。在传统区位理论进入顶峰之后，到20世纪40年代，由于现实的区域问题出现，使得区位理论的研究从以微观的企业区位选择研究转向以宏观研究为主的一般均衡问题，以此为基础，形成了以区域为研究对象的区域科学，同时也使得区位理论的发展更加深化。其后，区域经济学等学科也相继形成与发展。但是，由于区域科学与区域经济学主要以完全竞争、规模报酬不变为理论基础，使得其对现实的区域问题缺乏解释力。而在迪克西特、萨缪尔森关于垄断竞争以及"冰山"运输理论出现之后，以克鲁格曼为代表的新经济地理学派将垄断竞争的D-S框架与冰山运输成本相结合，并运用计算机模拟的方法，对区位理论进行了深入的研究，进而形成了以克鲁格曼为代表的新经济地理学派。

（一）传统区位理论阶段

古典区位理论始于19世纪初，形成于20世纪初，主要代表是杜能与韦伯。作为学科研究的起点及理论基石，传统的古典区位理论运用静态的、局部的均衡分析方法研究均质条件下的单个企业区位选择问题，并主要考虑经济因素对区位选择的影响。在杜能（1826）的《孤立国》一书中，他把成本和价格看成是生产力布局的决定因素；在成本项目中，杜能将生产成本和运输成本并列考虑，以强调运输成本的重要性，因此，产品的生产地与消费地的距离问题便成了孤立国生产布局的重要问题；在均质的条件假设下，他分析了围绕城镇设址的农业生产情况，得出了由内到外的农业圈层；他以区域地租作为出发点研究农业圈层的种植现象，形成了农业区位论，为区位论的发展奠定了基础。后来，阿朗索（1964）的土地竞租理论直接将城市中心的存在作为前提条件来考察城市的土地利用模式，奠定了企业生产经济活动区位分析的古典基础。

在农业区位论形成之后，随着资本主义自由竞争向垄断竞争过渡，"重工业"及其他工业在区位上的集中以及因铁路运输系统的兴建和国际贸易的增长而引起的工业位移等种种问题成为区位论的研究重点。对工业区位理论首先进行研究的是德国经济学家威廉·劳恩哈特（1882），将网络节点分析法应用于工厂的布局，并提出著名的"重量三角形"原理，根据原料产地、市场位置和原料重量来确定企业的位置，这一理论的核心是将运输成本最小化作为企业区位选择的重要因素。随后，他对市场区进行了分析，认为运费率、商品效用、竞争者的行为等决定市场区的大小，进而提出了"漏斗"理论，发展了空间竞争的双头垄断模型，这个模型最后成为了古诺模型的一个案例和霍特林模型（1929）的基础。和霍特林模型不同的是，劳恩哈特模型中的双头垄断企业的区位是既定的，而霍特林模型中的双头垄断企业的区位是变量，两个模型并称为著名的劳恩哈特-霍特林模型。在劳恩哈特之后，韦伯从个别工厂的角度出发围绕成本的降低研究了运输成本、劳动成本、集聚以及价格等因素对工业区位的影响，他把劳恩哈特的"重量三角形"发展成为"区位三角形"，提出了一系列的数学模式，在寻求生产成本最低点上，做出了重大贡献，其在 1909 年的名著《工业区位论》中第一次提出了区位因素的科学概念，为以后工业区位理论的建立奠定了坚实的基础。基于韦伯对工业区位论的系统研究，使得古典区位理论达到了研究的顶峰。

在杜能的农业区位理论与韦伯的工业区位理论之后，古典区位理论进入到了新古典区位理论研究时期，这一时期的主要代表人物是俄林、克里斯塔勒与廖什。俄林将贸易理论和价格理论相结合试图建立一般区位理论，其观点有两部分：一是假定资本和劳动自由流动条件下，工业区位的决定主要取决于运输成本。俄林认为自然资源和市场间的距离、不同货物的运输、运输能力和运输设施的区域差别，这三种因素共同决定每一地方和每一产品在自然资源和市场情况下的运输条件，即在其他因素不变时，这三种因素影响到了企业布局；二是假设资本和劳动不能自由流动下的一般工业区位的决定问题。俄林认为利息率和工资水平的区域差异是工业区位决定的重要因素。随着工业经济的发展，经济活动中市场的因素也逐渐被重视。首先对市场进行分析的是克里斯塔勒（1933），他在《德国南部中心地原理》一书中系统地阐述了中心地理论。

由于农业区位理论、工业区位理论以及中心地理论探讨的都是静态局部均衡问题，廖什（1939）在《经济空间秩序》一书中批评了只根据生产费用和运费决定区位的意见，也只根据最有利的市场的论断，他认为区位的最后决定因素乃是它们的平衡——纯利润，在自由经济条件下，企业的正确区位乃是位于纯利润最大的地点；此后，他把研究从局部均衡转向一般均衡，认为工业布局不仅会受到竞争中的影响也会受到消费者和供应商的影响，由此他得出布局问题其实是一个经济单位互动的过程；进而他提出了区位的一般方程，用五组平衡方程表示，分别反映每组的均衡条件。对于如何实现这种均衡，他建立了市场区位理论，并研究了市场网络对工业区位的作用。[①]在这个研究当中，他利用克里斯塔勒的理论框架，把中心地理论发展成为产业的"市场区位论"，把工业区位和市场范围结合起来，认为市场范围的排列网络中必定有一个大城市，其周围则环绕着一系列市场区和竞争点，进而形成一种"经济景观"。因此，廖什建立和发展了工业区位理论、经济区位理论和市场区位理论，从而建立了市场区位理论的完整体系。

综上所述，传统区位理论作为区域经济理论的基础，其主要特征为：一是最先考虑经济活动的空间问题，将区位因素纳入分析框架，并将时间与空间相结合来研究经济问题。二是考虑均质条件下的企业区位选择问题。农业区位理论、工业区位理论以及中心地理论等都是研究在均质假设条件下的企业区位选择行为，如杜能假设全境的土地均是沃野平原，土壤肥力完全相同等；克里斯塔勒假设有一均质平原，资源、人口密度均匀，运输费用不变，消费者偏好相同等；在廖什的《经济空间秩序》中，其假设人口和原材料是均等分布等。三是主要运用静态的、局部的均衡分析方法。传统的区位理论的研究对象主要是单个企业的最优区位问题，很少涉及一个国家或地区的综合布局问题。其中，杜能在均质假设条件下研究农业的区位选择问题及具体企业的区位选址时主要运用了静态或比较静态的方法，缺少从动态角度去研究不同企业和部门的行为，而廖什虽然用一般均衡理论考虑问题，但其仍是一种静态的方法。四是主要考虑经济因素对企业区位选择的影响。在传统区位理论当中，大多考虑的是如运输成本、价格、劳动力成本、市场需求等经济因素对企业区位选择的影响问题，而忽视了制度、技术创新等对企业区位选择的影响。

---

① 梁琦，刘厚俊. 空间经济学的渊源与发展. 江苏社会科学，2002：61～66.

（二）近代区位理论阶段

20 世纪 40 年代，以艾萨德为代表的区域科学学派在新古典经济学基础上，批判、继承与发展了韦伯、克里斯塔勒、廖什等人的区位理论，通过改进区域经济分析的研究方法来实现突破，试图运用一般均衡下的动态分析方法来研究问题，研究视角也转为在非均质空间条件下的区域的宏观经济分析。区域科学的形成与发展经历了三个阶段（杨吾扬，1992）：第一个阶段是 1960 年以前的传统区域科学阶段，这个阶段主要用一般均衡分析方法描述区域活动，建立区域与区际模式。主要代表人物是艾萨德（1956），其在《区位与空间经济》一书中，在分析杜能、韦伯、廖什的理论之后，运用替代原理对区位与区域的影响因素进行了扩展，力求寻找一般均衡的分析框架。第二阶段是 20 世纪 60 年代的运作区域科学阶段，这个阶段的重点方向是发展个体与总体的区域决策模式，用静态或动态的线性或非线性规划技术，研究区域收入、就业、投资等适宜的水平和速度。此时区域科学的发展相当迅速，在理论研究上，著名的区域科学家为威廉·阿朗索（1964），其在《区位和土地利用》一书中将杜能的关于孤立国农业土地利用的分析引申到城市上来，以解释城市内部的地用与地价的分布。第三个阶段是 20 世纪 70 年代以后的"新区域科学"时期，其方向转向区域政策与区域规划的目标系统，此时区域规划、区域经济、公共政策理论及相应的咨询与决策理论也成为了近些年区域科学研究的重心。同时，这个时期的区域科学理论与方法已经同经济学、地理学和规划学互通起来，许多经济、地理、规划等学者也跻身到区域科学之中来。

艾萨德等学者对传统区位理论的分析框架进行改进和扩展，将运输投入与替代原则引入企业最优的区位分析，使企业区位分析与理论性、经验性经济模型相结合，提高了企业区位分析的解释力。但是，以运输连续以及市场和供给区在某种程度上也连续为假设条件与现实差距较大，而作为区位理论研究较为重要的一方面，即从一个中心点至另一个中心点的大范围地理空间移动，都没有纳入艾萨德的研究视野。因此，区域科学的研究是基于非均质空间下进行的分析，在其研究过程中不但考虑了经济因素，而且将社会、政治、文化等多方面因素都纳入进来，考虑因素过于繁杂，因此很难找到合理有效的技术方法解释空间集聚的现象。

随着人类生活方式和价值观的转变，单一的经济因素已不能全面反映区位选择的目标，从而开始不断关注非经济因素的区位理论应运而生。此时，关于区位理论的理性经济人和完全信息假定在20世纪60年代受到很多批评。主要代表人物为行为主义区位理论学派的史密斯（Smith，1966）和结构主义学派的马西（Massey，1984），其中行为主义区位理论学派认为区位选择的主体应该是人，应重点关注人在决策中起到的多方面作用，而结构主义学派则更关注人、企业及环境之间的彼此影响，特别关注社会文化因素的影响。

（三）现代区位理论阶段

新经济地理学的出现，一方面是基于国际经济形势下经济全球化的迅猛发展及由此引发的一些投资、贸易、要素流动和区域政策问题的出现，而当时传统理论不能很好地解决这些现实问题；另一方面，长期以来空间经济研究没有得到足够的重视，空间因素一直难以纳入主流经济学的分析当中，虽然不乏经典的空间分析，如杜能、韦伯、勒施、克里斯塔勒、霍特林、胡佛、艾萨德、阿朗索等学者对区位进行了大量的研究，但仍未被主流经济学所接受。直到20世纪90年代初，保罗·克鲁格曼（1991）在《政治经济学杂志》上发表了著名的《收益递增和经济地理》一文，倡导重视空间经济的研究，并通过建立了著名的核心—边缘模型，奠定了新经济地理学科的基础。此后，不同学者在核心—边缘模型的基础上，逐渐放宽假设条件来对新经济地理的基础模型进行扩展，形成了较为完善的新经济地理理论框架，如马丁和罗杰斯（1995）的自由资本模型（Footloose Capital Model）、奥塔维亚诺（2001）和福斯里德（1999）的自由企业家模型（Footloose Entrepreneur Model）等。

总体来看，新经济地理学以区位理论和新贸易理论为基础，借鉴了区域科学关于中心地理论、基础—乘数分析以及市场潜力分析等理论，将假设条件简单化，只考虑了经济因素，通过数学建模的方式研究经济活动的空间分布、企业的区位选择以及经济活动的空间聚集等。新经济地理学将空间因素纳入到一般均衡分析的框架中，以报酬递增和不完全竞争理论假设为基础，利用迪克西特-斯蒂格利茨垄断竞争模型（Dixit & Stiglitz，1977），借助萨缪尔森的"冰山"交易技术、动态演化及计算机技术等分析工具，对规模经济、贸易自由度、运输成本、要素流动的性质及其相互作用进行了深入探讨，并考虑了需求规模、市场关联、需求偏好、知识溢出、心理预期、外生差异等具体因素的作用，研究经济活动的空间分布规律，解释现实中存在的空间集聚机制，分析探讨了经济增长规律及途径。总之，正如奥塔维亚诺和蒲格（1998）认为的那样，新经济地理学的出现，在一定程度上为经济学家研究区位问题提供一种新的方法和思路。

二、航运要素禀赋与航运中心区位形成及变迁

（一）航运要素禀赋与航运中心区位的形成

在现实的空间中，由于各个区域之间的要素禀赋存在差异，这导致了要素空间分布的差异，因而造成区域差异。从航运中心地区和内陆地区来看，要素禀赋条件的差异是明显的，而不同的要素禀赋将形成不同性质的区域。与内陆地区相比，航运中心地区具有良好的航运要素禀赋条件，比如区位优势条件、港口发展条件、交通运输条件、航运市场条件、综合服务条件以及制度支持条件等，这些要素禀赋决定了该地区未来的发展方向。

首先，初期拥有良好的航运要素禀赋条件，如得天独厚的地理位置和天然良港的优势资源等决定了该区域的长期发展路线，这是国际航运中心形成的基础条件，同时良好的初期航运要素禀赋条件能够引进更多的要素聚集。而内陆地区由于不具有良好的初期要素禀赋条件，因此无法获得这样的机会。

其次，航运中心所在的地理位置是和其所拥有的自然要素禀赋相对应的，并且离不开航运经济行为主体的活动。由于航运中心地区拥有适宜的航运要素禀赋，因此航运经济主体将会在航运中心地区从事经济活动，与此同时，航运经济要素也会形成累积效应。如此往复下去，随着航运经济行为主体的持续活动，该地理位置上也会出现聚集效应和扩散效应，由此推动了国际航运中心的形成。

最后，航运区域性要素的形成与动态累积是国际航运中心形成的关键。航运区域性要素是指航运中心地区所固有的，而其他地区无法拥有的要素。而非航运区域性要素则是指那些普遍存在的且可进行空间移动的，其他地区也可拥有的要素。两者在一定条件下可以进行转换，但这种转换往往是单向的，即流动的非航运区域性要素在一定条件下可以转换为航运区域性要素，而航运区域性要素很难转换为流动的非航运区域性要素。基于空间成本的考虑，可流动的非航运区域性要素进行区位再选择时为避免付出高额的成本而不再转移，最终转变为不可流动的航运区域性要素。航运中心区位是各种航运要素随着时间的推移形成的综合场力。它会受到可流动的非航运区域性要素的影响，但更多是由已经积淀在该区位的航运区域性要素所决定，而且一旦形成，改变则是缓慢的。

基于上述分析可知，地区之间不同的要素禀赋将形成不同性质的区域，而初期拥有良好的航运要素禀赋条件的地区更易形成航运中心。随着航运经济活动的复杂化，经济主体行为和航运要素禀赋相结合推动了航运中心的形

成。更为重要的是，航运中心区位是各种航运要素随时间的变化而形成的综合场力，其中具有流动性的非航运区域性要素逐步向航运区域性要素转变，使得各种航运要素在时间维度上累加形成综合空间场力，并且该场力也将随着航运经济活动的展开而逐步得到提升。

（二）航运要素禀赋与航运中心区位的变迁

通过前面的分析可知，航运要素禀赋是国际航运中心区位形成的重要基础条件，并不断地在时间维度上形成累积。同时，由于经济行为主体的互动参与以及可流动的非航运区域性要素进一步转化为航运区域性要素，使得航运中心的区位不断得到加强。航运中心区位的演变过程可能存在两种路径，即航运中心区位的自主式变迁和航运中心区位的外推式变迁。

航运中心区位的自主式变迁实质上是通过航运中心区位要素及其相互作用之间的关系形成一种固化过程，而固化后的航运中心区位又会形成自我加强的内在动力。航运中心区位稳定后，由于规模报酬递增和网络外部性使得航运中心区位更加稳固。

航运中心区位的这种自主式变迁主要来源于航运中心区位内在的几个特性：

第一，航运中心区位的整体性。航运中心区位是涵盖了如经济实力较强的港口城市、航运市场、服务体系、商品、信息、资金、人才和航线等所有航运要素的综合，是一个整体的概念。航运中心区位作为一个整体，可通过对航运要素的有效配置和整合，以及航运要素之间的相互作用而不断得到加强。

第二，航运中心区位的历史积淀性。航运中心区位是处于一定的时间维度内的，随着时间的流逝，航运中心区位也在不断地演进。国际航运中心的形成和发展不是一蹴而就的，不像提高港口吞吐量那样，短期内就可达到，而是由以港兴市，港城互动，航运与金融、贸易和经济相互依存发展起来的，经过长时间的自我加强和自我累积，这是一个长期历史积淀的过程。当然，国际航运中心区位一旦确立，也不容易转移。

第三，航运中心区位的空间关联性。航运中心区位作为一个经济空间场，既受到外部其他经济空间场的影响，同时又影响着其他经济空间场。一般来说，国际航运中心处于特定国际经济区域辐射极与各类航运要素期货现货市场的交汇点，必然有经济中心、金融中心和贸易中心地位互相支撑。这种空间的相互影响使得航运中心区位会随着外部环境细微的变化而发生改变。

航运中心区位的自主式变迁另外一个重要因素是区位惯性的存在。国际航运中心若形成，在一定时期内航运中心区位本身很难发生本质改变。从航运资源国际转移的实践来看，若某地区拥有世界工业的重要基地和超级枢纽港，则航运货物资源配置能力转移到该地相对容易，但是航运运力与相关资源配置能力的国际转移相对较难，特别是航运交易市场资源配置能力和全球航运软实力核心资源配置能力的国际转移更加困难。这种航运中心区位惯性存在的一个原因是航运中心区位的稳定性，另一个原因是航运中心区位内经济活动主体因为要改变区位而要承担高额的成本，最终选择沉淀在航运中心区位。基于航运中心区位惯性的存在，并经过长时期的历史积淀和演变，航运中心区位变得更加稳固。

与航运中心区位的自主式变迁不同，航运中心区位的外推式变迁则是指航运中心区位在外部力量或外部环境的巨大影响下而发生的区位变迁。对于既定的航运中心区位，某些航运经济要素的嵌入，使得航运中心区位的各种航运要素重新组合和重新捆绑，从而带动区位变迁。此外，如自然灾害、战争、经济危机以及其他航运中心区位的竞争等巨大外力的影响和外部环境的巨大变化，也会影响到航运中心区位的获益价值，从而推动航运中心区位的变迁。从典型的伦敦国际航运中心演变历程来看，基于港口硬件设施和集装箱枢纽港的优势，吸引了大量航运货物的集聚，依靠枢纽大港的吞吐量和集装箱吞吐量逐步形成初级国际航运中心。此后，随着航运服务软环境和高端航运服务业的发展，吸引着各种航运服务组织和不同类型的航运服务企业的聚集，但是"第二次世界大战"这一巨大的外部环境的变化使得英国的工业整体水平下降，伦敦码头已无法适应国际航运新规则的要求，呈现不断衰退的趋势。为此，英国政府通过政策手段将道克兰码头区打造成一个全新的金融、商业和商务区，通过航运海事服务业务获得更大的收益，成为了航运服务集聚模式的代表（真虹等，2012）。

当然，二战这个外部冲击本身并不是引起航运中心区位变迁的根本原因，国际航运中心变迁的根本动力还在于其自身区位的调整和变化，在这个过程中航运企业区位的再选择成为了关键因素。

三、异质性航运企业的区位选择

国际航运中心作为经济体系的一部分，其形成必然是经济行为主体在区域经济发展过程中理性决策的结果。从微观层面看，航运活动经济行为主体的利益和偏好及其相应的最终区位选择与国际航运中心的形成有着一致性。现实的国际航运中心形成与发展过程中所表现出来的商品流、资金流、信息流、技术流、人才流等航运要素的流动，归根结底取决于航运企业的区位选择而引起的各种航运要素的集聚。因此，从现实上或从以往的一贯研究视角出发，也可以将航运中心区位选择的主体界定为各种航运企业。这里的航运企业是个统称，既包括各种类型的航运企业和与航运相关的企业，也包括各种类型的航运辅助机构。

（一）航运企业的类别及特点

由于国际航运中心的形成与发展直接或间接地影响着航运业发展的各个方面，因此，关注现代航运业的基本构成和特点，有利于我们分清航运企业的类型。目前，航运产业在学术界尚无统一的定义与范围的界定，张颖华（2010）采用曹艳文（2006）按照货物在运输过程中涉及的增值顺序来界定港航产业，将航运产业界定为广义和狭义两种方式：狭义的航运产业仅指为接送旅客或运载货物提供水运服务的企业所构成的集合，包括海运企业、船代企业、多式联运企业以及其他与航运相关的企业或组织；而广义的航运产业则将与海上运输服务直接相关的港口服务和海运辅助服务纳入航运产业内。王艳丽（2005）和侯剑（2011）认为临港产业一般是指地理位置毗邻港口，主要业务内容与港口关联，依托港口资源和运输优势而发展起来的相关产业。计小青（2012）认为航运业属于第三产业中的运输服务业，更为广义的航运业定义还包括提供装备的船舶修造企业，以及使航运业延伸到最终用户的临港产业。

通过上述定义可知，国际航运中心的产业结构范围主要涉及三个方面：一是与港口业务相关的产品制造、船舶及相关设备制造等临港制造产业；二是为港口运输功能提供服务的各种运输服务产业；三是与港口发生间接联系的各种港口服务、海运辅助服务以及航运衍生服务等航运服务产业。这三类产业之间的关系见图 2.2 所示，在国际供应链的背景下，运输服务企业通过整合船舶设备修造企业和航运及港口机构的产品和服务，提供全套物流服务的产业集群。

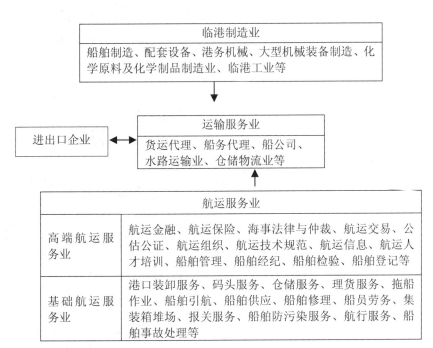

图 2.2　国际航运中心的产业结构

资料来源：作者研究整理。

从国际航运中心的产业结构来看，航运中心的产业涉及企业类型众多。具体来说，航运企业包括以船舶及相关设备的制造和修理、大型机械装备制造、化学原料及化学制品制造业及临港工业为主的航运生产型企业，以货运代理、船务代理、船公司、水路运输业和仓储物流业为主的航运物流型企业，以近海服务机构、海事服务机构和航运交易及服务机构为主的航运服务型企业。而不同类型的航运企业具有不同的特点，这也是决定形成不同类型国际航运中心的重要原因。

下面分别介绍几种不同类型航运企业的特点。

1. 航运生产型企业

船舶工业的发展与世界贸易和航运发展息息相关，船舶工业为航运业的发展提供运输工具，为国际航运中心的形成提供必要的硬件条件。而其他产品制造业的发展则为国际航运中心的形成提供足够的货源保障。因此，航运生产型企业主要是指包括船舶制造、配套设备、港务机械等传统的船舶装备

35

制造企业，提供大型机械装备制造业产品的临港生产制造企业，提供石油化工、煤化工、海洋化工以及与其相衔接的精细化工制品等化学原料与化学制品制造工业企业，以及临港工业企业等。具体详见表 2.1 所示的航运生产型企业的类型及内容。

表 2.1　航运生产型企业的类型及内容

类别	具体内容	航运生产型企业
航运装备制造业	船舶制造（集装箱船、液化石油气船、大型不锈钢化学品船、滚装船、超大型油船、大型矿砂船等），船舶修理及拆船，船用配套设备制造（船用设备、船舶自动化设备），海洋工程装备（海上油田浮式生产储油船、石油钻井平台等）	船舶制造企业配套设备制造企业
大型机械装备制造业	石油和石化装备制造业（钻井设备、采油采气设备、井下作业设备、油气集疏运设备等），重型机械设备制造业（冶金机械、重型锻压机械、矿山机械、运输机械），工程机械装备制造业（各种建筑工程中进行综合机械与维护修理所必需的设备）	临港生产制造企业
化学原料及化学制品制造业	石油化工，煤化工，海洋化工产业以及与其相衔接的精细化工产业等	化学原料制造工业企业化学制品制造工业企业
临港工业	以农业、渔业、畜牧业、林业或化学工业的产品或半成品为原料，制造、提取、加工成食品或其他半成品等	联合利华公司、可口可乐公司等加工企业

资料来源：作者研究整理。

以临港制造企业为主的航运生产型企业的特征表现为：

第一，临港制造企业生产系统价值链由开发、生产、销售及支付等活动构成，因此生产活动过程中需要金融、保险、物流、信息、技术、商务等多种专业配套服务。

第二，产业之间关联性强。临港制造业所处的产业链上游包括各种原材料厂商、机械电子供应商、设计服务机构、配套产品提供商等，下游包括航运业、修理服务业和休闲娱乐业等。

第三，资本密集、技术密集、劳动力密集是航运生产型企业的共同特征。首先，临港制造业需要大量的初始投入，如厂址位置和面积规划、固定资产投资、船坞建设以及修船业和配套设备制造业等大量的基础产业配套。其次，因为临港制造业涉及的技术环节多，流程和工艺复杂，所以在图纸设计、工艺选用和专用机械操作方面都需要较高的技术要求。最后，制造业产品结构复杂、重复作业比率低，较难采用流水线或专用工装设备生产，因此需要大量的专业素质较高的技术工人同时作业，属于劳动力密集型产业。

第四，需要大量的资金支持。临港制造企业对资金的需求较大，且所需的流动资金一部分需要自筹，另一部分来自银行贷款。

第五，不断进行技术革新，建立起与现代技术相适应的生产方式和企业组织形式。同时，随着信息化的发展，制造企业利用先进的信息技术，改造和集成业务流程，形成以价值链为基础的分工协作模式。

第六，具备较高的管理水平和高级管理人才。制造企业的管理涉及设计管理、成本管理、材料管理、零件管理、生产现场管理、人员管理等各个方面，这就要求企业应具备较高的管理水平和对整个造船流程与技术较为熟悉的高级管理人才。

2. 航运物流型企业

航运物流型企业主要包括船公司、船务代理和货运代理，以及与其他航运相关的运输企业和物流企业等。具体详见表 2.2 所示的航运物流型企业的服务类型及服务内容。其中，船公司、船务代理和货运代理作为典型的航运运输服务企业，既为最终客户提供航运服务，同时也是航运制造类企业的主要客户，成为连接上下游产业的重要枢纽。

表 2.2　航运物流型企业的服务类型及服务内容

类别	服务类型	服务内容	航运物流型企业
运输服务业	物流服务	国际物流服务以及物流增值服务	船公司、物流企业
	代理服务	货运代理、船舶代理、揽货代理、船籍注册代理	货运代理公司、船舶代理公司
	旅客运输	国际轮渡、邮轮经济	航运企业
	国际中转	国际集装箱班轮	航运企业、码头公司
	货物运输	大宗干散货及邮轮	航运企业、码头公司
	内陆运输	多式联运、内陆集疏运	运输企业

资料来源：杨建勇. 现代港口发展的理论与实践研究（博士论文）. 上海：上海海事大学，2005：249～255。

船公司是由传统海洋运输向国际物流服务转型过程中发展起来的，其在传统海运业务的基础上增加物流增值服务，使其成为能提供一体化物流服务的现代物流企业（朱亚琪，2003）。其主要特征表现为：一是现代物流服务理念和传统的国际货运业务相结合。船公司在传统的国际货运业务基础上，将物流服务思想与用户需求结合在一起，尝试着为货主提供更多的增值服务，承接全球性企业外包的物流业务。二是业务活动从"单一式"运输向"多式"运输转变，运力更为集中。船公司的业务活动不再仅限于传统的水路运输，更为注重将运输链从水上延伸至陆地，将海洋货运和各种陆上运输形式相结合，来开展多式运输。同时，这种业务活动的产生也加剧了国际航运市场运力的集中化现象。三是总部经济特征明显。基于航运业计划性的特点，航线排定、运力分配、内部结算和融资安排等核心职能大多集中在总部，特别是"总对总"的合作在银企合作中显得格外重要（计小青，2012）。四是进行技术创新和提高运营规模。在全球航运业激烈竞争的情况下，降低运输成本和提高利润率是船公司的重要战略选择，即集装箱船舶大型化和采用 IT 技术提高运营绩效等技术创新战略以及确保为客户提供更好的服务和降低成本而进行的增大规模经营战略（王容，2006）。五是通信信息系统的广泛应用。开展物流和多式联运的一个重要因素是信息的畅通，为货主提供方便快捷的信息服务。其中，物流信息技术支持主要包括客户信息系统（CIS）、业务信息系统（BIS）和物流技术（LT）等（邱冬琪，2005）。

船务代理是指船舶代理机构或代理人接受船公司、船舶经营人、承租人或货主的委托，代表委托人办理在港船舶有关业务和服务（甘爱平和曲林迟，2000；刘苗苗，2009）。船务代理业务是一项综合性的业务，主要的代理内容大致分为三块：一是和船舶相关，包括办理进口港的申报手续，联系引航和泊位，治办船舶检验、修理、熏舱、洗舱、扫舱以及燃料、物料和必备品供应服务，经办船舶租赁、买卖、交接工作，代签租船和买卖船合同；二是和货运相关，包括进出口货物和集装箱的报关手续，承揽货物、组织货载，办理货物、集装箱的托运和中转，代收运费和代办结算；三是经营承办其他业务，包括组织客源和办理有关海上旅客运输业务，联系海上救助和治办海事处理，代聘船员并代签合同，代购和转递船用备件、物料、海图等，提供业务咨询和信件服务等。船代企业的特点：第一，船舶代理业务内容广泛，专业性强，涉及利益相关方繁杂。船务代理企业提供专业的技术服务，是连接各国船舶和港口的各种专业机构的桥梁，提供相关的专业服务（潘文权，2010）。第二，船舶代理业务具有较强的政策性和规范性，市场准入门槛较高。船代行业开发较晚，仍具有一定的政策倾向性 （王静，2007）。第三，由于船舶代理关系的存在，需要建立适合调整国际货运代理业务各方当事人之间关系的法律，加强对国际货运代理行业的管理，规范国际货运代理企业的行为，更好地保证各方的利益。第四，需要具备海运专业知识的船代行业业务人员。由于船务代理业务范围较广，联系面多，因此业务人员应具备一定的海运专业知识，了解国家的法律法规，熟悉贸易合同和租船条款等国际贸易方面的业务知识，同时还应具备良好的外语水平，掌握本港的自然条件，以便更好地处理业务问题。第五，资金结算较为安全。一般情况下，船代公司通过控制货权，运费结算风险较小，而收取港口、码头等相关费用的款项时，支付方为信誉较好的国际性船公司，风险很低。

货运代理是指在合法的授权范围内接受货主的委托并代表货主办理有关海运货物的报关、交接、仓储、调拨、检验、包装、装箱、转运、订舱等业务。从事国际海运货运代理业务的企业大都是经验丰富且多年从事经营运输业务，熟悉各种运输程序、手续和规章制度的企业。货代企业的特点：一是代理性和独立性。货运代理公司与交通运输部门以及贸易、银行、保险、海关、商检等部门有着广泛和密切的关系，从而有利于为委托人代办各种运输事项。二是与航运相关企业交叉度高。货代公司作为货主的代理人，需要和航运、船代、运输、进出口贸易、生产厂家等航运相关企业进行联系，业务关联度较高。第三，专业的服务性。从行业的发展状况来看，规模较大的货代公司从单一的货运代理功能逐步向物流管理、仓储、无船承运人等综合性服务功能发展的趋势转变。第四，代理风险性较大。货运代理一般存在收汇风险、资金风险、质量风险以及骗汇和核销责任等。

3. 航运服务型企业

航运服务行业门类繁多，为了方便讨论，将航运服务业分为基础航运服务业和高端航运服务业两大类。按此分类，航运服务型企业主要包括：为船舶访港和货物集散等航运活动直接产生的相关业务而提供服务的基础航运服务企业，以及随着基础航运服务的拓展而出现的船舶管理、船舶经纪、航运金融、航运保险、海事法律与仲裁、航运组织、航运技术规范、航运信息、航运人才培训等高端航运服务企业。具体详见表 2.3 和表 2.4 所示的关于航运服务型企业的服务类型及服务内容。

如表 2.3 所示，基础航运服务企业主要在港口从事物资装卸业务以及其他相关业务，如码头服务、仓储服务、理货服务、拖船作业、船舶引航、船舶供应、船舶修理、船员劳务、集装箱堆场、报关服务、船舶防污染服务、航行服务、船舶事故处理等。基础航运服务企业的特点：第一，基础航运服务企业的综合功能得到强化，经济活动向纵向延伸和横向扩展。随着港口的发展，其服务功能逐步扩展。例如，港口装卸向货物的灌包拆包、拆装拼装、货物简易加工的延伸，港口储存向港外储运、上门服务的延伸等。第二，企业管理与信息技术的有效结合。在现代信息技术飞速发展的背景下，港口管理与生产作业逐渐实现了计算机化管理，而随着港口功能和业务不断的拓展，对现代化管理与信息技术的有效结合是基础航运服务企业未来发展的方向。第三，建立完善的企业风险内控体系。基础航运服务企业在取得协同、整合、规模优势等利益的同时，随着资产规模逐步扩大、涉足产业逐步增加，也将面临各种投资、运营、管理等产生的风险。此外，由于企业集团化的管理模式、多元化的行业经营特点和国际化的业务运作方式的存在，这些都需要基础航运服务企业建立有效的风险内控体系。第四，基础航运服务企业的发展带动经济的发展。基础航运服务企业的发展将直接创造大量的就业机会和资金汇进汇出，在一定程度上培育了航运金融市场的成长，也有利于流通经济的发展。

表 2.3　航运服务型企业的服务类型及服务内容（一）

类别	服务类型	服务内容	航运服务型企业
基础航运服务业	船舶租赁	期租、航租	航运企业、租赁公司
	船舶设备修造	船舶、集装箱修造、船用（通信、导航）设备修造	船舶修造企业
	拖船作业	拖船服务、船舶救助	拖轮公司、救捞机构
	码头服务	货物装卸、港内驳船、绑扎加固	码头装卸企业
	集装箱堆场	拼装箱、清拆箱、箱内加固	集装箱场站公司
	仓储服务	堆存、包装、分拨、运输	码头企业、仓储公司
	报关服务	代客办理报关手续	报关公司
	理货服务	代课办理理货手续	船舶理货企业
	船舶供应服务	船舶燃料、船舶用品、船舶备件、船员生活用品、淡水及食品供应	船舶用品供应企业
	船舶防污染服务	船舶废油、含油污水处理	环保服务企业
	船员服务	船员外派服务	船员外派机构

资料来源：杨建勇. 现代港口发展的理论与实践研究（博士论文）. 上海：上海海事大学，2005：249～255。

如表 2.4 所示，高端航运服务企业指为现代国际航运提供的航运金融服务、航运保险服务、海事法律与仲裁、航运交易、公估公证、航运组织、航运技术规范、航运信息、航运人才培训、船舶管理、船舶检验、船舶登记等相关服务机构。一般来说，高端航运服务业发达的国际航运中心能够吸引大量的航运要素集聚，开展频繁有序的航运交易活动，拥有完善的法律法规，具有发达的航运信息与咨询服务，并能够引领航运标准与规划、航运交易、航运技术的创新和发展。高端航运服务企业的主要特征为：第一，高端航运服务业是指附加值高，对经济贡献大的行业，建设具有全球航运资源配置能力的国际航运中心依赖于高端航运服务企业的集聚；第二，高端航运服务所经营的资源具有高流动性的特点，可以在不同地方进行配置；第三，高端航运服务企业之间以及高端航运服务企业与其他类型的企业之间存在较强的产业关联性，在航运公司和航运企业集聚的地区更易发展现代航运服务体系；第四，高端航运服务业的发展需要良好的航运市场竞争机制和竞争秩序以及完善的政府服务环境与政策，在公平竞争、服务竞争、诚实守信、法治秩序的条件下有利于高端航运服务企业的集聚。

表 2.4　航运服务型企业的服务类型及服务内容（二）

类别	服务类型	服务内容	航运服务型企业
高端航运服务业	航运融资	船舶设备融资租赁、码头融资	银行等金融机构
	海事仲裁与法律	海事法律咨询、海事仲裁	海事法院仲裁机构
	航运保险	船舶保险、融资保险、共同海损理算、海损估价	保险公司
	航运经纪	船舶买卖、船舶租赁	船舶经纪公司、船舶经纪人、航运交易所
	航运信息	信息服务、航运顾问	航运交易所经纪人咨询机构
	公证检验与评估	船舶、设备法定检验	船级社
	行业组织	船东协会、班轮公会、互保协会、货代协会	协会组织等
	航运技术规范	研究设计院、学术团体	研究机构学术组织
	航运人才培养	航运学校、培训机构	航运院校海事机构
	船舶管理	专业化船舶管理	船舶管理公司

资料来源：杨建勇. 现代港口发展的理论与实践研究（博士论文）. 上海：上海海事大学，2005：249~255。

为了更清晰地了解高端航运服务企业的内涵及特点，下面分别对航运金融服务与保险服务、公证检验与评估、航运经纪、海事法律与仲裁、航运人才培训、行业组织和研究机构等进行详细的分析。

　　（1）航运金融服务与保险服务

　　航运金融通常是指航运企业运作过程中发生的融资、保险、货币兑换、保管、结算、融通等经济活动而产生的一系列与此相关业务的总称。航运业是一个资本密集且投资风险大的服务业行业，其中，航运企业的扩大生产和经营，进行战略重组、兼并收购、投融资等活动均涉及航运金融服务，而航运投资与融资、保险以及风险规避等也将直接影响航运企业今后的经营收益。金融体系为航运产业提供的金融服务如表2.5所示。航运金融的业务主要包括公司信贷、国际结算、本外币资金管理、船舶融资、海上保险等。从事航运金融服务的主体有商业银行、投资银行、证券公司、金融租赁公司、小额贷款机构以及其他金融机构。而从事航运保险服务的主要提供者为劳合社、保险公司、再保险公司、海损理算公司、保赔保险协会等。

表2.5　金融体系为航运产业提供的金融服务

金融行业	业务种类	业务内容
银行	公司信贷	传统融资：贷款承诺函、固定资产贷款、短期融资券、流动资金贷款、委托贷款、现汇贷款、项目融资、银团贷款、综合授信额度等 新型融资：法人账户透支、企业发债担保等 特色融资：内保外贷、应收账款收购等 公司理财：企业财务顾问、现金管理等 其他业务：企业年金、资信证明等
	国际结算	信用证业务：进出口信用证、信用证保兑业务等托收业务、保函业务、保理业务、福费廷业务、汇款业务、跨境贸易人民币结算等
	本外币资金管理	外汇买卖、人民币远期结售汇、货币掉期、利率掉期、外汇期货、期权、利率期权、货币市场代理业务、资金管理等
证券	股票融资、债券融资船舶融资资产证券化	
保险	传统保险业务	船舶保险、海上货物保险、保赔保险
	新型船运保险	船舶建造履约保证保险、船舶出口信用保险以及其他船舶抵押融资贷款保险、船舶修造保险、集装箱第三者责任保险等新险种
其他金融机构	信托产品	船舶抵押贷款信托、船舶融资租赁信托、船舶融资资产转让信托、金融交易基金

　　资料来源：计小青. 上海国际航运中心建设的金融引擎. 上海：上海财经大学出版社，2012：81.

航运金融市场的基本特征：第一，伴随着港口建设、船舶制造和国际航运市场的融资需求增加，航运金融逐步成为各类金融机构业务的主体之一；第二，航运业涉及企业类型众多，不同航运企业的金融需求差异较大，导致融资需求不同，这促使航运金融业务品种出现多样化趋势；第三，随着金融业务的发展和竞争，为降低成本和提高效率，各金融机构尽可能运用电子化手段，实现经营管理的制度化和集约化；第四，航运金融业务的高风险性决定了航运金融市场的发展必须依赖于完善的航运市场中介结构体系，如经纪人公司、信息研究咨询公司、律师事务所、会计师事务所等，为金融机构和市场提供充分可靠的信息；第五，由于航运企业的风险与成本特征的存在，购买航运保险是航运企业经营的必备条件，这也促使了航运保险服务的细化，航运保险的提供者不但包括商业保险公司和船东互相保护与赔偿组织，还出现了专门从事再保险业务的公司；第六，航运金融市场的发展关键在于为金融机构提供一个适合发展的法律、税收与监管制度环境，有利于金融机构在航运金融产品和风险控制方面满足航运企业的现实需求（计小青、曹啸，2011）。

（2）公证检验与评估

从事公证检验与评估服务的主要提供者为船级社（Classification society），船级社是一个建立与维护船舶和离岸设施的建造和操作的相关技术标准的机构。在全世界 50 多个船级社中，有 10 个组成了国际船级社联盟，总部设在伦敦，船级社的主要业务是：对新造船舶设计、建造和检验提供技术性标准，国际入级（包括新建船舶入级和营运船舶入级）、船舶认证、海洋工程服务、产品检验、绿色船舶及能效服务、检测检验机构认可、陆上检验认证及监理检验等。

（3）航运经纪

高端航运服务业的另一个重要业务为航运经纪。从事航运经纪服务的提供者为航运经纪人和航运经纪公司，并且大部分的航运经纪机构都是航运交易所的成员。航运经纪人和航运经纪人公司在世界航运市场上的作用举世公认，其主要功能一方面为船东和承租人订立租约提供服务，另一方面为船舶买卖双方订立买卖合同提供服务。航运经纪商具备开拓国际客源的能力，并掌握着全球航运的信息资源，在一定程度上影响着航运经纪市场的发展。

航运交易所是指为各海运、商品、船舶交易提供良好的交易场所和信息服务，并协助其会员解决交易中出现的纠纷。首先，航运交易所作为船舶交易市场及信息平台，主要开展船舶交易服务及相关的经纪、评估、验船、融资、法律、会计等业务；其次，提供船员人事代理、人才测评、劳务中介等服务，满足航运人力资源的市场供求；再次，通过航运交易所提供的船舶舱位和货源供求市场及信息，更为方便地为船、货市场对接提供服务；最后，随着航运交易所的不断发展，其业务也开始向如煤炭、钢材、粮食、木材等临港大宗商品的现货交易和期货交易市场发展。

船舶交易是一个复杂的过程，交易过程涉及的决策、谈判、检验、交接、文书、证件等环节众多，这时需要船舶经纪人在其中起到重要的沟通和催化作用。船舶经纪人又称为航运经纪人，在航运业中主要活跃着 3 种类型的航运经纪人：船东经纪人、租船经纪人和船舶买卖经纪人。其中，船东经纪人是指船东委托的经纪人，代表船东寻找货源或需长期租用船舶的租船人，在业务洽谈时，追求最高运费或租金率，以维护船东利益，争取防止风险的合同条款。租船代理人则是租船人委托的经纪人，代表租船人寻找合适的船舶，在洽谈租船业务时维护租船人的利益，争取最低的运费或租金率。船舶买卖经纪人是把船舶买卖双方联结在一起的中间商，以取得佣金作为提供中介服务的报酬，船舶经纪人以从事新旧二手船舶、废钢船等买卖的中介业务为主。

此外，按照国际惯例，船舶交易除了委托船舶经纪人沟通外，多数委托专业的船舶经纪公司来完成。船舶经纪公司能及时获得大量的船舶建造、船舶买卖、船舶租赁、船舶配件供求等信息，并提供集装箱、散货、邮轮、特殊船、船代、船舶金融等业务以及进行相应的市场研究。通常情况下，船舶经纪公司的主要服务对象包括船东、贸易公司、船厂、货主、融资机构、保险公司、船舶营运公司以及其他经纪公司等，其拥有着广泛的业务渠道，能较好地满足船舶交易等业务的开展。

（4）航运信息

随着经济全球化的快速发展和互联网技术的不断进步，现代航运产业的发展离不开航运信息技术的支持，通过网络信息平台，可以有效地整合航运产业的信息资源，提高工作效率，由此也产生了一些专业性的航运信息研究机构，如航运咨询机构、海运咨询机构、航运交易所、海运信息集团、国际航运信息中心等。航运信息研究机构通过对航运信息的收集、整合和挖掘，及时发布权威的航运高端服务信息和航运指数，服务于港口生产、物流服务以及航运金融、航运保险、航运交易等高端航运服务产业。航运信息研究机构的设立不但提供了优良的航运综合信息服务，还发挥着航运信息集聚、发布和分析的功能,从而有利于正确引导航运市场和航运产业的健康有序发展。

（5）海事法律与仲裁

发展现代航运服务体系需要以高水平的海事仲裁、海损估算、海事法律咨询服务等海事法律服务为支撑，实施与国际法接轨的海事法、仲裁法、商业法等基本海事相关法律。海事法律服务通常可分为诉讼和非诉讼两类，服务范围涉及租约、造船、商品、能源、金融、保险、碰撞、打捞、共同海损、污染等。通过海事仲裁中心、海事法院、商事法院等专门的海事法律服务机构解决有关船舶注册、船舶买卖、船舶租赁、航运保险、船舶建造等纠纷，通过理算及法律服务中心来开展海损理算、财产损失评估、定损与理算、海事技术与法律咨询等相关业务。

（6）船舶管理

随着航运业的发展，拥有世界先进的船舶管理经验和管理水平的专业船舶管理公司也随之出现。专业船舶管理公司也称为第三方船舶管理，是独立于拥有船舶所有权的船东公司，通过向船舶所有人（投资商、非专业船东等）、租船人、船舶经营人提供一项或多项专业船舶管理服务，以满足船东委托管理船舶的需要、达到船舶管理目的而收取一定管理费用和其他约定费用的经营主体（杨富龙，2010）。其服务范围包括船舶全面技术管理、船员配备与管理、船舶租赁、船舶买卖、船舶保险、新船监造、船舶供应、管理咨询等多元化专业服务（杨睿，2005）。目前,全球六大专业船舶管理公司,包括 V Ships、Hanseatic、Columbia、Barber、Wallem 和 Anglo Eastern，都在中国香港进行船舶管理服务。其中，华林船舶管理公司（Wallem）和中英船舶管理公司（Anglo Eastern）的总部就在香港。

（7）航运人才培养、行业组织与学术研究

国际航运业是一个知识性和专业性都非常强的产业。特别是高端航运服务业的发展，必须有具备航运、金融、法律、贸易、外语等方面的复合型知识和能力的专业航运人才储备以及专业的行业组织、学术团体、研究机构的支持。首先，国际航运中心的建设需要重视航运服务业专业人才的培养，并在大学开设与航运教育有关的设计、工程、科学与经济学方面的课程，以直接支持航运业和航运服务的发展。其中，培养航运人才的服务机构主要包括航运学校、培训机构、航运院校以及海事机构等专业机构。其次，如船东协会、班轮公会、互保协会、货代协会、工会组织、协会组织等行业组织的成立，可以依法维护会员的合法权益，发挥行业自律作用，协助政府规范行业市场，保证公平竞争的秩序。最后，与国际航运业发展相关的研究和咨询机构、研究设计院、学术团体和组织等机构能够凝聚一流的专家和学者，搭建国际航运研究的平台，把握全球航运发展的新理念、新技术、新趋势和新制度，为政府和航运企业以及与航运相关的机构提供技术规范、决策咨询和信息服务等。

（二）异质性航运企业区位选择的决定因素

航运企业区位选择的影响因素因航运企业的类别不同而不同。根据航运中心的产业结构划分，本书将异质性企业分为航运生产型企业、航运物流型企业和航运服务型企业。这三种类型的航运企业由于其各自特点的不同，导致其进行区位选择的影响因素也有所差别。

1. 航运生产型企业的区位选择

以提供商品货物及船舶供应为主的航运生产型企业的区位选择是一个复杂的动态决策过程，不仅要考虑原材料市场供应、市场接近程度及运输成本等生产成本方面的因素，而且要考虑接近消费者和要素市场等市场需求方面的因素以及基础设施、工业配套程度、政府刺激政策等其他方面的因素。国内外学者关于制造业企业区位选择的影响因素也给出了不同的观点。山胁（Yamawaki，1993）通过研究日本制造企业在欧洲投资的区位选择，发现制造企业一般倾向于选择具有较低的劳动力成本、较强的研究与开发能力及较大的市场规模的地区。弗里德曼等（Friedman，Gerlowski，& Silberman，1992）在研究日本和欧洲的制造企业在美国的区位选择时发现，市场需求因素、港口区位、地方税率及政府促进支出等因素是重要的区位选择决定因素。克鲁格曼和维纳布尔斯（1995）则强调了制造业的前向关联和后向关联对降低制造业企业生产成本的影响，本地中间投入品的可替代性越小，制造业企业的区位选择就越明显。黑德等（Head，Ries，& Swenson，1995）的研究表明集聚经济对制造业企业的区位选择有着重要的正向影响。马库森和维纳布尔斯（2000）以制造业为研究对象，强调制造业企业尽管倾向于选择市场潜力大的区位，但随着本地市场规模扩大，不可流动要素价格升高，导致生产成本升高，这时区位选择的决定因素则转为贸易成本。魏后凯（2000）认为，制造业企业的区位选择影响因素除了上述分析的生产成本、市场规模和集聚经济之外，还包括如企业税负水平和经济文化联系等因素的综合影响。

从已有的文献来看，影响生产企业区位选择的因素很多。本书将结合临港制造业的具体情况，重点从腹地经济发展水平、地理区位因素、生产成本因素、工业设施配套因素、集聚经济因素和制度环境因素等6个方面对航运生产型企业区位选择影响因素进行分析。

（1）腹地经济发展水平

航运生产型企业进行区位选择时，首先要考虑的是腹地的经济发展水平及发展潜力程度。史威登堡（1979）的研究表明，被投资地区的经济发展水平及市场潜力与跨国企业的区位选择存在着正向的相关关系。腹地经济发展水平高、综合经济实力强和发展潜力大的地区拥有广阔的市场需求、持续流入的国际资本、丰富的劳动力资源，将有助于航运生产型企业获得范围经济和规模经济，推动航运生产型企业的集聚。

（2）地理区位因素

一个国家或地区优越的地理区位是航运生产型企业区位选择的另一重要因素。对于经济活动而言，一个国家或地区的自然条件要优于其他地区，则流动的生产要素将在这里汇集。当运输服务业不发达时，当货物运输量增加时，大规模经济会进一步降低运输成本，会倾向于选择在运输条件方面具有优势的海运航线或铁路航运等贸易线路。在开展国际贸易过程中，利用海洋运输有利于降低运输成本，且大口岸拥有良好的货物运输条件也有利于劳动力和资本的集中，因此拥有近距离的供给来源、销售市场的优越条件以及减少航程的次数等成为企业区位选择的重要因素（俄林，1933）。在这种情况下沿海城市的经济较为发达，接近国际主干航线，拥有便利的水陆空集疏运及优越的港口自然地理条件，所以很多新的航运生产型企业更愿意选择临近港口的区位。

随着通信技术的提高和物流服务业的发展，临近港口的区位优势也在逐渐减弱。货运代理、船务代理、船公司、水路运输业、仓储物流业等运输服务业为航运生产型企业提供必要的货物运输保障。特别是随着临近港口区位的生产要素价格上涨导致企业成本的上升高于支付运输服务业的费用时，航运生产型企业更愿意选择生产成本较低的周边地区。

（3）生产成本因素

影响航运生产型企业区位选择的成本因素中，最为重要的是运输成本、劳动力成本和交易成本。最早系统研究工业企业区位选择的经济学家韦伯（1909）认为最低成本的位置是企业区位选择的最佳位置，某一地点的运输成本和劳动力成本的优势可吸引工业企业来此选址。随着经济全球化的迅速发展，企业的区位选择不仅要考虑传统的影响因素，还要关注交易成本、动态外部性、知识积累和技术创新等因素（Dunning，John H. Kundu，& Sumit K.，1995）。迈耶（2000）的研究认为企业单位产品的生产成本会随着空间的变化而发生变化，与此同时企业的选址也会随之变化。一般情况下，以制造业为主的航运生产型企业更喜欢选择劳动力资源丰富、工资水平较低及交通运输便利的地区，以降低生产成本，提高经营利润。而当原材料和服务、商品市场、劳动力供应及谈判合同等成本高时，企业的选址行为将倾向于交易成本低的地区（Caves，1971）。

随着交通和通信技术水平的提高，运输成本不再是制约航运生产型企业区位选择的唯一成本要素，然而由于船舶制造业、大型机械加工制造业、化工工业和食品工业等加工制造业集技术密集、资本密集和劳动密集于一体的行业，所以劳动力成本和交易成本等仍然是航运生产型企业区位选择的重要影响因素。

（4）工业设施配套因素

工业设施配套水平是航运生产型企业进行区位选择时考虑的重要方面。工业制造设施配套作为船舶工业、机械制造业、化工工业和食品工业等加工制造业的重要组成部分，所在地区的工业制造设施设备的配套情况直接影响了加工制造业的发育环境，这些设施环境因素包括了港口基础设施、信息水平、技术创新、人力资本等。其中，最直接的是与船舶制造业相关的各种基础设施，包括造船船坞、船台、修船船坞等，还包括影响加工制造业的其他基础设施，包括集疏运体系、通信、网络、供水、供电等。因此，配套设备完善的基础设施、四通八达的集疏运体系、充足稳定的能源供应以及方便快捷的通信设施更有利于航运生产型企业在生产运营、货物配送、通信交流等方面降低生产成本，在一定程度上成为了影响航运生产型企业区位选择的重要因素。

（5）集聚经济因素

集聚经济因素是影响航运生产型企业区位选择的重要因素。大量的航运生产型企业集聚在一起不但可以通过专业化分工降低企业的生产成本，扩大生产和需求；还能极大降低企业间的交易成本和人才搜寻成本，有利于相互竞争和协作；还可以促进专业服务设备和工业配套设施的发展，有利于提高管理和办事效能。航运生产型企业为获取更多的集聚经济效益，而将选择那些工业配套程度较好、基础设施设备完善、相关产业集聚的地区。

（6）制度环境因素

一个国家或地区的政策环境、法规制度、政府管理等制度环境也会影响航运生产型企业区位选择的行为。洛里等（Loree & Guisinger，1995）的研究证实，政府的鼓励政策对外资企业的选址产生重大的影响，而政府的管制政策则会抑制外资企业的进入。因此，一个完善的税费政策、金融政策、人员出入政策、投资政策、物流通关措施等自由港政策，合理的口岸监管措施，以及政府部门间的协调管理等制度环境因素将成为影响航运生产型企业区位选择的直接因素。

2. 航运物流型企业的区位选择

在强调物流服务的供应链管理时代，物流业已成为国际航运中心形成与发展不可或缺的重要组成部分。以船公司、船务代理公司、货运代理公司，以及与其他航运相关的运输企业和物流企业等为主的航运物流型企业是连接国际航运中心各功能、要素、资源的骨架，并在它们之间实现联动。其功能主要体现为仓储、运输和报关经纪等综合业务，并利用其拥有的资源和网络优势，为客户提供选择、优化运输线路的服务。

航运物流型企业区位选择的影响因素主要包括：物流市场需求、基础设施因素、创新能力因素、信息技术因素、制度因素等。

（1）物流市场需求

物流市场需求因素是航运物流型企业区位选择的首要影响因素，主要包括制造业集聚程度因素和社会专业化分工因素。一方面，制造业集聚的发展能够为物流业提供广阔市场需求。由于加工制造业的集聚能够带来充足的流通货物，而物流量的集聚恰恰为航运物流型企业的发展提供良好的物质基础保障（郑健翔，2009）。另一方面，社会专业化分工协作体系是物流业专业化发展的必备条件。随着产业化的发展，加工制造企业更为关注核心业务的发展，而将非核心的物流业务交给专门的以船公司为主体经营模式的第三方物流企业来运作，从而使得专业化分工进一步深化。这样不仅有利于降低物流企业的成本，提高企业的经济效益，还有利于提升物流企业的服务水平，促使物流服务需求更加集中（钟祖昌，2011）。因此，庞大的制造业集聚经济基础和完善的社会专业化分工协作体系带来了巨大的物流市场需求。

（2）基础设施因素

基础设施作为影响航运物流型企业区位选择行为的另一重要因素，主要体现在两个方面：一是基础设施能够降低航运物流型企业的固定成本。交通和通信等各项基础设施的完善,有利于区域发达交通网络和通信网络的形成,减少了运输和通信成本,降低了风险和不确定性,促进了物流产业的集聚。二是基础设施能够降低航运物流型企业的可变成本。方便快捷的交通运输及通信网络有利于航运物流型企业及时掌握库存水平和库存费用,降低物流运作中的库存采购成本,从而有利于物流企业产出效率的提高(盛丹等,2011)。

(3)人才与技术因素

航运物流型企业的发展离不开人力资本和技术创新的综合能力,特别是以船公司为主体的第三方物流服务供应商更需要通过人才资本条件为其提供源源不断的创造力,通过技术创新促进分工、专业化水平以及产业结构的优化,以降低运输成本和提高利润率。对航运物流型企业而言,某个区域的技术创新源及创新空间能有效吸引和凝聚创新人才,从而影响了其区位选择的决策。

(4)信息网络因素

先进的信息网络系统为航运物流型企业的提升提供了便利的条件及技术手段,同时也改变了航运物流型企业的经营和交易模式。特别是对于第三方物流企业而言,其优势主要体现在三个方面(郭媛媛、罗立宁,2006):一是信息网络系统的发展为其提供了广阔的物流市场空间,开展专业化的物流外包服务业务;二是先进的信息技术有利于第三方物流企业的业务整合,为其他企业提供全面和高效的"一站式"物流服务;三是通过运用信息网络系统的资源,第三方物流企业已将业务延伸至信息技术支持领域,如通过网络系统对货物进行追踪查询、发布货运通知以及支付相关的运费等业务(Lieb & Bentz,2004)。

(5)制度因素

政府制定的物流业发展政策、物流服务标准及行业规范等制度因素会直接影响航运物流型企业的区位选择行为。一些具有严重倾向的地方保护和行业垄断等政策会阻碍航运物流型企业的选择行为,而具有统一物流发展规划以及拥有专业化、社会化物流服务体系的地区则是航运物流型企业进行区位选择重点考虑的区位。

3. 航运服务型企业的区位选择

国际航运中心的形成与发展需要相应的航运服务业的配套服务支持,同时国际航运中心的发展也促进了航运服务业向更高层次转变。

航运服务型企业提供的服务类型多样,不但提供了如仓储、理货、装卸、船舶供应、船舶修理等基础航运服务的业务，还提供了如船舶管理、船舶经纪、航运金融、航运保险、海事法律与仲裁、航运组织、航运技术规范、航运信息、航运人才培训等高端航运服务的业务。

由于航运服务业本身的多样性和差异性，导致了不同类型航运服务企业区位选择的影响因素及区位选择的过程差异明显，见图2.3所示。

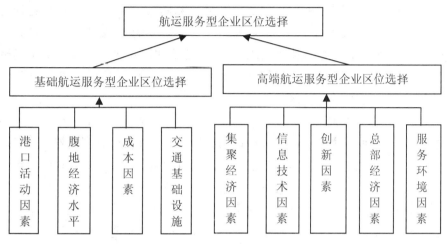

图2.3　航运服务型企业区位选择的影响因素

资料来源：作者研究整理。

一般来说，基础航运服务型企业的区位选择与港口活动、腹地经济水平、成本和交通基础设施等因素直接有关。首先，港口活动是基础航运服务企业区位选择首要考虑的因素。如搬运、装卸、仓储等与船舶和货物相关的港口活动对基础航运服务业的发展具有决定性的影响，直接关系到基础航运企业的生产与发展。其次，腹地经济发展水平是基础航运服务企业考虑的另一个重要因素。腹地经济发展水平直接影响港口产业的发展规模，在一定程度上也间接影响基础航运服务业的发展程度，同时发达经济腹地的货物供应量及消费市场也决定了港口的吞吐量及经济总量，这也直接影响到基础航运服务业的发展规模。再次，基础航运服务企业通常规模较小，并无雄厚的资金支持，因此成本因素也成为其区位决策时考虑的必要因素。最后，发达的交通基础设施能够提供便利的交通，可节约运输成本，并且能促进腹地经济与港口的联系，增加基础航运服务企业的业务流量，因此交通基础设施的条件也会影响基础航运服务企业的区位选择。

与基础航运服务型企业的区位选择相比，高端航运服务型企业的区位选择更为关注人才、信息、技术与环境等因素，因此可以将影响高端航运服务型企业区位选择的因素划分为集聚经济因素、信息技术因素、创新因素、总部经济因素及服务环境因素等几大类。

（1）集聚经济因素

航运相关和支持产业的集聚是直接影响高端航运服务型企业区位选择的重要因素。当与航运相关的制造业和物流业集聚并形成一定航运产业链时，必将形成大量的高端航运服务需求。此外，航运相关和支持产业的大量集聚将产生规模经济和范围经济，聚合更多的人才、信息、知识等要素，从而影响了高端航运服务企业的区位决策。

（2）信息技术因素

高端航运服务业具有高度知识密集型的特点，其发展高度依赖于信息技术的水平，因此，对信息技术的需求是高端航运服务企业区位选择的重点。原因主要有以下两点：一是良好的信息技术服务有利于高端航运服务企业沟通其网络节点，使信息传递、交流更加迅速和广泛，从而降低通信成本；二是信息化使高端航运服务企业更为及时、准确地传递信息和处理信息，方便与港口、海关、船公司、货代、船代等有关机构之间建立信息平台，使高端航运服务资源发挥最大效能。

（3）创新因素

与基础航运服务业相比，高端航运服务业是具有高附加值、高知识含量、高技术含量的产业，其快速发展与创新因素有着密不可分的关系。对高端航运服务企业而言，创新不仅是创造高端航运服务的重要方式，而且创新也能创造出更多的高端服务需求。因此，高端航运服务企业在进行区位选择时，更愿意接近高端服务的创新源——高校及科研院所、研发中心、大公司的研发机构、高科技人才等集聚的地区。

（4）总部经济因素

总部经济是在信息、技术、交通、通信以及金融等资源优势相对成熟的条件下发展起来的，具体表现为各大跨国公司、大公司的总部、分支机构或开发中心以及各级政府的代表机构在某一区域集聚并产生外部经济效应的一种经济形态。随着总部经济的发展，为总部服务的高端航运服务企业也会随之集聚，由此成为高端航运服务企业区位选择的重要动力。在不同类型的航运企业中，船公司具有明显的总部经济特征，并且还是现代航运服务产业链的基础和核心。船公司与船舶登记、船舶管理、船舶交易、船舶融资、船舶经纪、航运保险、航运信息、航运仲裁等存在着直接或间接的关系，船公司的集聚为高端航运服务企业提供了良好的先决条件（真虹等，2012）。

（5）服务环境因素

某一地区的服务环境因素也是高端航运服务型企业进行区位选择时考虑的重要因素之一。航运服务环境因素主要包括航运市场环境、法律与政策环境、科技与人才环境等，优良的航运服务环境是高端航运服务企业发展的必要条件。首先，基于降低经营风险和提高经营效率的考虑，高端航运服务企业更倾向于选择公平、公正、规范、稳定性高的市场环境；其次，高端航运服务业如航运金融、航运保险、船舶管理、船舶经纪、海事法律与仲裁等在国民经济中占有重要的战略地位并且受到政府的严格管制，因此较低的部门准入制度、较高的开放程度以及较为自由的管理体制对高端航运企业的区位选择起到很大作用；最后，在高端航运服务企业发展过程中，现代化的科技技术和精通各种航运服务门类的国际化专业人才是其不可缺少的重要支撑，因此良好的科技与人才发展环境在一定程度上影响着高端航运服务企业的区位决策。

第三节　异质性航运企业区位选择与国际航运中心形成及发展

航运经济活动最终发生在某个特定空间上，也就是说，企业将偏好的区位选择在此地点而非彼地点的具体位置上，主要是因为对于理性的不同类型航运企业而言，不同空间位置航运要素禀赋差异所带来的经济利益的差别，从而所产生的一种集聚或扩散过程。这里的集聚与扩散虽然是两个不同的方向，但是集聚是绝对的，而扩散则是相对的，因为企业的区位选择的结果必然导致在某一个地理位置上的集聚，而扩散则可视为企业区位的再选择过程，即可视为新一轮的在另一个地理位置上的集聚。

一、异质性航运企业区位选择与集聚扩散

一般来说，不同决策的微观主体由于对区位的偏好不同，将选择给其带来利润最大的区位（唐茂华、陈柳钦，2007）。对于不同类型的航运企业来说，航运生产活动进入一定的经济空间场，必然要求获得最大利润。由前面分析可知，由于航运要素及航运要素禀赋在空间上分布的不同，造成了不同区位之间的客观差异。同时，这种客观差异导致了不同区位对不同类型航运企业的吸引力是有区别的。由此，不同类型航运企业根据自身的约束条件和区位的客观差异，进行了合理的区位选择（高进田，2009），从而导致了集聚或扩散现象的出现。

航运生产型企业主要从事船舶制造、配套设备、港务机械、产品加工等业务，其自身的船舶装备制造业和产业加工制造业追求低成本目标特征决定了它更偏好于在经济规模较大和地理位置优越的临港地区集聚，以实现运输成本、劳动力成本等生产成本的节约。在临港地区形成集聚后，由于集聚所产生的劳动力市场和工业配套设施共享、专业化投入品和服务市场的发展、信息交流与知识外溢效应等外部性的存在将会进一步吸引更多的航运生产型企业的集聚。这样，由于市场规模和外部效应的扩大，也会引起劳动力和资本的进一步集中，又进一步强化了航运生产型企业的集中，如此往复下去而产生的循环累积效应进一步增强了企业的集聚向心力。

随着科学技术的发展和市场竞争的加剧，促使一些生产服务环节从船舶制造业和加工制造业等航运制造业中脱离出来，出现了以"外包"的形式为航运制造业提供服务产品，如物流服务和物流增值服务，以及货运代理、船舶代理、揽货代理、船籍注册代理等代理服务等。这种以第三方物流企业为代表的航运物流型企业的出现，不但节约了航运生产型企业的运输成本，更有利于降低交易成本，促进了专业化分工。因此，基于航运制造业的"外包"产品服务需求，也吸引了大量的航运物流型企业的集聚，促进了物流业的发展。

然而，航运物流型企业的出现和物流行业的快速发展也导致了航运生产型企业集聚区位的改变，出现了集聚和扩散并存的现象。航运物流型企业的大量集聚通过其优质的物流服务、代理服务以及其他增值服务提高了区位的吸引力，强化了航运生产型企业生产活动的集中。然而，随着集聚效应的进一步增强，临港集聚区的地租价格、劳动力成本以及生活成本指数等也会随之上升，并产生市场拥挤效应，从而使得航运生产型企业有向拥挤程度较低的外围地区迁移的趋势。对于航运生产型企业的区位再选择来说，那些不受港口区位因素制约的加工生产型企业选择扩散，即在航运物流型企业提供有效的专业化服务条件下，当航运生产型企业支付的物流和代理服务成本低于由于市场拥挤效应而增加的生产成本时，航运生产型企业更倾向于向生产成本较低的周围地区扩散。与加工生产型企业不同，船舶及配件装备制造类企业更倾向于选择在原有的临港区位集聚，这主要是因为船舶相关行业的特殊性：一是其发展与丰富的水域条件、适宜的气候条件、岸线情况以及航道水深等港口区位优势要素高度相关；二是船舶制造业具有技术密集、知识密集、高附加值和高产业关联带动性的特征，且规模较大、投入较多，所以一旦形成集聚，很难再选择转移。

随着航运市场的发展以及基础航运业务的成熟，围绕基础航运业务发展起来的基础航运服务型企业也随之集聚。在这个阶段，基础航运服务较为繁荣，但随着航运服务需求的复杂性增加以及国际化趋势的影响，基础航运型服务企业开始发生转移。此时，航运及相关与支持产业集聚并形成一定规模，航运金融、航运保险、航运信息、船舶经纪、船舶管理、船舶登记、法律服务、航运人才等新的高端航运服务需求不断涌现，吸引了大量的金融保险机构、船舶经纪公司、船级社、海事法院与仲裁中心、船舶管理公司以及各类培训机构、科研院所等高端航运服务企业的集聚。这样，随着航运市场规模和产业范围的扩大，也会吸引大量的航运相关机构和航运人才的进一步集中，同时临港集聚区的综合服务条件和制度支持条件等航运要素禀赋条件的优越性逐步显现，又进一步强化了高端航运服务企业的集中，从而促使了高端航运服务产业集群的形成。在此过程中，根据业务需要，航运市场的发达程度以及客户群体规模等有时候也会吸引跨国公司总部所在地的转移。

相对来说，高端航运服务业务由于其知识技术含量较高，是长期发展累积的结果，且转移成本相对较高，因此高端航运服务企业集聚后区位再选择的难度加大。高端航运服务机构一般比较稳定，流动性较弱，只有当航运市场发生重大变化时才可能发生这类机构的区位再选择。在这种特殊条件的制约下，高端航运服务机构一旦集聚，其将在原有的基础上继续发展并具有较强的集聚向心力，吸引着其他航运业务转移至此。随着时间的推移，这些高端航运经济活动主体因为其改变区位所要付出的代价巨大，而沉淀于该区位，并成为了该区位的航运要素禀赋条件之一，这也将是吸引更高层次的航运要素集聚的新源头。

综上所述，不同类型航运企业的这种集聚和扩散的交互作用，导致核心区位和周边地区的循环发展，最终趋于相对平衡，形成一个相互依存的以国际航运中心为核心的中心外围结构的经济圈。然而，不同类型航运企业的集聚扩散程度不同，也会形成依据功能划分的货物集聚模式、航运服务集聚模式和全要素集聚模式等不同类型的国际航运中心。[①]

二、货物集聚型国际航运中心的形成与发展

货物集聚型国际航运中心主要是以提供货物运输服务为主的实务操作型国际航运中心。其主要优势：一是拥有天然良港的优越条件及完善的港口基础设施；二是经济腹地发达，具有充沛的货源货流；三是港口货物吞吐量和集装箱吞吐量规模巨大。其主要劣势表现为高端航运服务业发展相对落后，对全球航运市场的实际控制与要素配置能力较弱。

货物集聚型国际航运中心形成与发展过程如图 2.4 所示。

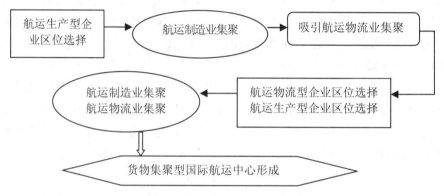

图 2.4　货物集聚型国际航运中心形成与发展过程

资料来源：作者研究整理。

临港地区依托高度发达的腹地经济、现代化的港口及配套基础设施、相对较好的地理区位条件等航运基础要素禀赋条件影响着航运生产型企业的区位选择。航运生产型企业区位选择的过程带动着港口货物、信息、资本的流动，使港口成为重要的物流节点，并带动着整个航运制造业的集聚。随着先进的港口基础设施和集疏运网络体系的完善，各种货物源源不断地汇集到临港地区进行销售、加工、储存、转运和代理等业务，由此产生了强大的物流运输和代理服务需求。在这种需求存在的情况下，航运物流型企业进行区位

[①] 关于国际航运中心发展模式的划分很多，本书采用真虹等（2012）从功能定位上将国际航运中心划分为货运集聚模式、航运服务集聚模式和全要素集聚模式三种类型的方法。真虹，茅伯科，金嘉晨，周德全. 国际航运中心的形成与发展. 上海：上海交通大学出版社，2012：51～52.

选择，进一步促使了航运物流业的集聚。而随着物流网络的不断完善，基于规模经济和成本节约的影响，也将会形成新一轮的航运生产型企业进行区位再选择，并出现了航运制造业和航运物流业的共同集聚趋势。这个循环过程最终形成了以运输服务为主体，以航运制造业和航运物流业为主导产业的国际航运中心，即货物集聚型国际航运中心。

三、航运服务集聚型国际航运中心的形成与发展

航运服务集聚型国际航运中心是在货物集聚型国际航运中心的基础上发展起来的，其实体化的货物运输功能已让位于虚拟化的航运高端服务功能。这类航运中心以伦敦国际航运中心为主要代表。伦敦国际航运中心的港口基础设施及其吞吐量指标已失去优势地位，而凭借其在国际航运交易、航运信息与咨询、航运融资、航运保险、海事法律与技术服务等完备的高端航运服务体系却影响着全球航运市场的走向。

航运服务集聚型国际航运中心形成与发展过程如图 2.5 所示。在货运中心初具规模的基础上，航运及相关和支持的产业链已经逐步形成。在此基础上，航运生产型企业和航运物流型企业进行区位选择，促使航运制造业和航运物流业的集聚。而基于航运服务的需要，又吸引了大批的如船舶买卖、船舶设备采购、船舶供应与修理、船员劳务等围绕航运生产活动的服务业和以引航、拖带、理货等为主的围绕港口生产活动的配套服务业的集聚。随着航运规模的发展和信息化技术的应用，以追求高效率为目标的航运制造业、航运物流业以及基础航运服务业需要更高层次的相关服务业支持，由此便产生了如航运融资、航运保险、航运法律、政策与标准、航运信息以及航运研究等大量的高端航运服务需求，导致大量的高端航运服务机构的集聚。

然而，随着产业集聚超过一定规模之后，集聚不经济的现象也随之而来。特别是对于受成本影响较大的航运生产型企业而言，因产业大规模集聚而引起的各种要素投入成本的上升，以及受到经济危机、战争等外部环境因素的影响使得航运生产型企业重新进行区位选择，从而形成了航运制造业向周边区域扩散的趋势。

值得注意的是，在物流网络技术高度发达的条件下，航运制造业的扩散不单单局限于离航运中心地区不远的周边地区，还有可能选择较低成本的港口功能强大的其他航运中心。同样，新的航运生产型企业进行区位选择时，也直接选择了成本较低、货物吞吐量较高的其他航运中心生产经营。

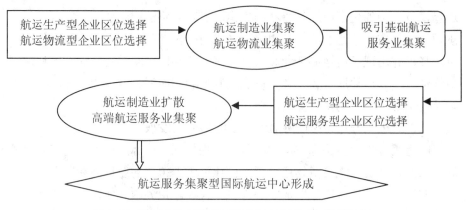

图 2.5　航运服务集聚型国际航运中心形成与发展过程

资料来源：作者研究整理。

在高端航运服务业的集聚与航运制造业的扩散过程中优化了航运中心的结构与功能。对于国际航运中心来说，港口生产制造功能逐渐衰退，而航运融资、航运保险、航运经纪、海事法律与仲裁服务、航运人才与研究等相关高端服务功能增加，特别是承担了知识技术的创造与溢出功能，使国际航运中心成为了高端航运服务业的聚集地和以船公司为主体的总部经济的集聚地。这一过程的持续进行，最终形成了航运市场发达、物流丰沛、航运服务体系完善，以提供高端航运服务为主要服务业务的国际航运中心，即航运服务集聚型国际航运中心。

四、全要素集聚型国际航运中心的形成与发展

全要素集聚型国际航运中心是目前世界上国际航运中心的主流模式，在保持原有的货物集聚中心的基础上，将发展高端航运服务业作为重点，完善航运服务业体系，从而形成了货物流量和航运服务要素齐备的全要素集聚型国际航运中心。这类航运中心的主要特征是不但保持了原有的货物运输功能，而且还具备综合航运服务功能，目前已成为中国香港和新加坡等各大航运中心的发展方向。

全要素集聚型国际航运中心形成与发展过程如图 2.6 所示。原有货物集聚型国际航运中心在较好的集疏运体系、发达的陆向腹地连接以及较好自然条件下，通过吸纳本地区以外其他港口的中转货物，承担国际性的干线运输，并吸引着航运生产型企业和航运物流型企业的转移，由此集聚了大量的航运制造业和航运物流业。

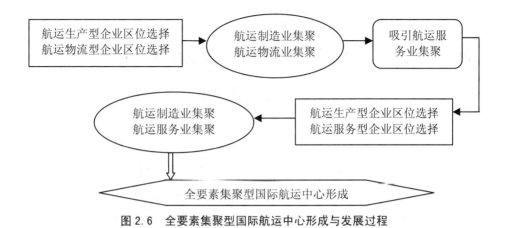

图 2.6　全要素集聚型国际航运中心形成与发展过程

资料来源：作者研究整理。

原有货物中心的功能以及吸引着周边港口货物的集聚创造了巨大的货运量。为了满足其货物服务需求，提高服务质量，也必然吸引着航运服务业的集聚，由此形成了既包括基础航运服务，还包括金融、保险等高端航运服务的航运服务体系。

在完善的航运服务体系条件下，一应俱全的航运服务不仅影响着航运生产型企业的区位选择，还影响着航运服务型企业的区位决策。基于节约成本和港口货源优势的考虑，本地区的航运生产型企业选择继续在此生产经营，同时也吸引着其他地区的航运生产型企业集聚于此以追求外部经济效应和规模经济效应带来的收益增加。与此同时，随着航运制造业的集聚，带来了更多的航运服务需求。在相关政策环境强烈干扰的条件下，使得更多的航运服务机构选择此地，形成了新一轮的航运服务业的集聚。

这一过程的持续进行，随着航运制造业和航运服务业的不断集聚，最终形成了具备货运和综合服务双重功能优势并成为众多航运要素集聚地的国际航运中心，即全要素集聚型国际航运中心。

第三章 国际航运中心形成与发展的理论模型

在经济全球化的推动下，国际航运中心日益成为与世界各国及地区交流沟通的交点，同样以国际航运中心为核心地带的集聚与扩散现象也成为最普遍的经济现象之一。国际航运中心作为各种航运要素高度集聚的空间，是航运中心区位不断演化的结果。从微观层面来看，国际航运中心形成与发展过程是航运经济行为主体也就是不同类型的航运企业基于不同区位的航运要素禀赋差异，以实现自身利益最大化为目标而不断进行区位选择的过程。不同类型的航运企业在国际航运中心的集聚与扩散不仅对航运中心的经济规模、工资水平和人口数量产生影响，更会对国际航运中心的产业结构、功能划分和发展模式产生重要影响，从而推动国际航运中心的不断演变。为了揭示一般意义上的规律，本章从企业异质性角度构建国际航运中心形成与发展的理论模型，突出不同类型航运企业的区位选择进而形成集聚扩散规律的动态研究，探索始于航运要素禀赋，动力源于航运要素聚集的国际航运中心形成与发展规律。

第一节 从区位选择到聚集经济实现的路径分析

一、微观同质企业区位选择与空间集聚

从本质上说，国际航运中心形成与发展的根本原因主要表现为各种要素资源从区位选择到空间集聚的实现过程。研究聚集经济的文献很多，对于聚集经济的全面研究可以追溯到马歇尔（1890），他认为经济活动在空间上实现聚集，主要是追求一种正的外部性。此后，俄林（1931）引进了马歇尔的思想，但并未对聚集经济产生的外部性进行详细剖析，而是由胡佛（1937）给出了标准化的分类，即将聚集经济产生的外部性分为地方化经济和城市

化经济两类。而后，陈良文和杨开忠（2006）通过对文献进行综述认为导致经济活动空间集聚的机制是多种多样的，他们从经济活动不同的集聚机制出发认为可以构建六类集聚经济模型。仔细分析上述文献之后发现，无论是马歇尔关于聚集经济的分析，还是俄林、胡佛的研究，以及陈良文和杨开忠的关于集聚经济模型的综述都是非典型空间范式的，没有体现出任何微观主体的空间选择行为，即都没有考虑不同经济主体之间的相互作用问题，因此无法实现从区位选择到空间集聚的过程。

与上述学者观点不同，从古典区位论到现代复杂性科学学派的很多学者都尝试探索从区位选择到聚集经济的逻辑路径，虽然取得了一定的研究成果，但是均质空间的视角和假设决定了这些研究都面临着一些难以克服的障碍。其中，以杜能（1842）为代表的古典区位论对经济主体进行的是牛顿经典力学中隔离分析的方法，没有关注相互间的作用；以克鲁格曼（1991）为代表的新经济地理学的研究突出了居民、厂商的微观主体选择行为，解释了不同主体之间的互动关系，但其把空间聚集定性为"历史的偶然"却是无法说通的；以杨小凯（1999）为代表的新兴古典经济学的分工与专业化角度主要通过借鉴新古典微观经济学的分析框架来分析城市的形成，进而认为区域是一种经济组织，这种组织主要来源于是消费者、生产者相互作用的结果，但其分析忽略了政府这一微观组织在区域中的作用，此外理论体系中也缺乏空间概念。以安德森（1991）为代表的复杂性科学将空间经济作为一个不断演化的复杂系统进行研究，采用了可运算和计算及模拟的方法，但是其所建立的复杂科学模型缺乏经济学基础，内在结构比较松散，未能被主流经济学所接受。

事实上，在现实的空间中既存在各种要素相对均质分布的经济空间，也存在着大量各种要素非均质分布的经济空间。空间的非均质造成了区位的差异性，这种差异性对于不同类型的经济行为主体具有不同的吸引力，而对于同类型的经济主体或活动则具有共同的吸引，这种吸引加上聚集经济的内在报酬递增效应以及累积循环效应，必然在一定的区位上形成聚集（郝寿义，2007；李彦兵，2008）。

因此，国际航运中心形成与发展的机理应关注微观经济主体的空间选择行为，即基于各地区要素禀赋不同的考虑，生产率不同的企业根据其自身的约束条件和区位的客观差异，进行合理的区位选择，这种异质性企业的区位选择结果与客观的地理空间的相互结合，形成了聚集经济，也即国际航运中心得以形成。可以说，这种从不同经济主体区位选择的角度来推演出集聚形成路径的动态过程，为国际航运中心形成与发展机理的研究指明了方向和思路。

二、微观异质企业区位选择与空间集聚

从杜能的《孤立国》开始，区位理论主要是研究厂商为追求运输成本最小化（古典区位论）或实现利润最大化（新古典区位论）而选择何种地点进行生产经营的问题，从而使区位选择理论成为区域经济理论研究的重要基础。然而，在区位理论发展过程中，无论是以杜能、韦伯、克里斯塔勒、廖什为代表的传统区位理论，还是以艾萨德、史密斯、麻斯等为代表的近代区位理论，以及以克鲁格曼、藤田昌久为代表的现代区位理论都假定企业为外生给定的同质性企业，均未考虑到企业异质性这一基本现实。

随着梅里兹（2003）将企业异质性运用到国际贸易问题的研究中，建立了异质企业贸易模型，将生产率不同的企业纳入到垄断竞争条件下的产业贸易模型中，结论显示高生产率的企业由于其能弥补因出口产生的沉淀成本并获得经济利润，从而进入出口市场，而低生产率企业则选择在国内生产或被迫退出市场。梅里兹（2003）的研究使从微观异质企业角度来研究企业的区位选择成为可能。异质企业的区位选择与新经济地理的空间集聚的相互结合是区位选择理论新的研究视角，并且很好地解释了现实问题。

基于这个研究视角，学者鲍尔温和大久保进行了大量的研究，做出了开创性的贡献，并重点探讨了贸易自由化对不同生产率企业在大国和小国之间的区位决策的影响问题。鲍尔温和大久保（2005）在梅里兹（2003）研究的基础上拓展了马丁和罗杰斯（1995）的自由资本模型，从微观异质企业的视角来研究企业区位选择问题。研究认为，贸易自由化影响着异质企业的空间分布，即生产率高的企业更偏好于迁往市场规模较大的国家，从而有利于市场规模较大国家生产率的提高。在此结论基础上，鲍尔温和大久保（2006a）的研究在允许企业再分布的条件下，认为企业通过区位的再选择得以重新分布，即小国的高生产率企业有向大国转移的趋势。随后的鲍尔温和大久保（2006b）的研究同样给出了类似的结论，认为集聚力并不能吸引所有的企业迁移，而是高生产率的企业向核心地区转移，低生产率向周边地区转移。

随着研究的深入，视角也逐步转向研究在一定条件的影响下高效率企业和低效率企业的区位选择与集聚效应问题。伯纳德等（2007）首先将高

生产率异质性企业进行了界定，认为高生产率企业应具备较大规模、产权结构复杂且属于技术密集型的企业，同时还应具备较强的创新能力和市场融资能力，并能承受较高的交易成本。在后续的研究中，大久保（2009）又将企业异质性引入自由资本垂直关联模型，分析生产率不同的企业进行区位选择所带来的集聚效应差异。研究显示，随着贸易自由化的提高，企业异质性的存在会影响使用中间投入品的制造业集聚，并且这个集聚的过程是较为缓慢的集聚，而非突发的集聚。大久保等（2010）研究不同生产率的企业在国家之间进行区位选择。结果发现，高生产率企业更偏好于选择市场规模较大的国家，而低生产率企业与之相反，偏好于选择市场规模小的国家。然而，当核心地区具备正的集聚经济外部性以及较低的市场准入门槛时，低生产率企业也会倾向于选择核心地区生产经营。与之前基于自由资本模型的研究不同，以后的研究更为注重将企业异质性纳入自由企业家模型的研究。大久保（2010）将企业异质性纳入到自由企业家模型中，用可完全流动的企业家代表生产力的差异，并通过区位选择推演出高生产率企业的集聚模式，以及由高生产率企业形成的竞争环境使得低生产率企业更偏好于彼此集聚。

关于高生产效率企业与低生产效率企业的集聚倾向比较的研究中，部分学者认为高生产效率企业是空间集聚的重要主体，是集聚经济的动力源泉之一（李福柱，2011）。与低生产率企业易受本地拥挤效应而向成本较低的周围地区扩散相比，追求专门化生产的高生产率企业由于自身的低边际成本、规模经济外部效应和市场规模效应更具集聚倾向，并通过产业的前后向联系及知识外溢效应吸引其他企业集聚（Lafourcade & Mion，2003；Alsleben，2005）。

针对不同生产效率企业区位的再选择问题研究，学者们给出了自己的观点。当企业进行区位再选择时，基于自身生产效率水平高低的考虑，高效率企业倾向于选择市场规模大的核心地区，并集聚于具有强竞争优势的专业化分工部门，而低效率企业为远离激烈竞争而选择低劳动力成本的边缘地区（Bernard et al.，2007）。此外，核心地区的高生产效率企业由于其拥有较好的发展空间、高就业率和高工资水平吸引着高素质异质性人力资本的集聚，在一定程度上强化了不同空间集聚经济的差异（Combes et al.，2004；Venable，2011）。当然，企业区位的再选择很大因素是受政府政策的倾向引导，但低生产率企业由于其迁移成本较低更易于转移，而高生产率企业由于自身的迁移成本过高一旦集聚，则很难转移，因而政府的补贴政策则更加强化了空间的核心—边缘结构状况（Baldwin & Okubo，2006b）。

基于上述文献的简短综述可知，融合企业异质性的区位选择理论以垄断竞争和企业异质性为假设条件从微观角度拓展了集聚经济的研究。企业异质性的引入使得影响中心—外围结构的众多效应中，除了集聚和扩散效应的影响外，还增加了异质企业的自我选择效应。这里的自我选择效应体现的是有"目的"的选择，而非"偶然"的集聚。此外，从微观异质企业层面研究区位选择到空间集聚的过程，较好地解释了区域空间结构演变的内在机理，也是对原有区位理论的扩展。

因此，为了更为清晰地解释国际航运中心形成与发展机理问题，本书以梅里兹（2003）为代表的异质性企业贸易理论（heterogeneous firm trade theory）为基础，放松新经济地理学模型的同质性假定，用生产率差异的异质性企业代替新经济地理学的同质性企业，使其更加切合现实中企业的经济行为。为此，本书借鉴藤田昌久等（Fujita Masahisa & Jacques-Francois Thisse，2002）以及大久保（2010）的研究，从企业异质性角度，用一个新的理论分析框架研究开放经济条件下国际航运中心形成与发展的内在机理问题。

三、企业异质性角度的适用性分析

本书从企业异质性角度来研究国际航运中心形成与发展的机理，主要是基于以下三点考虑：

第一，研究对象主要体现在关注要素的空间集聚与扩散现象。国际航运中心形成的实质是依托于港口城市经济及腹地经济的协调发展，促使各类航运要素的空间集聚与扩散，形成了以国际航运中心为核心的经济空间；而从企业异质性角度则是以垄断竞争和规模经济为假设条件，通过研究不同效率企业的个体异质性所导致的一般性空间行为来解释空间集聚现象的原因与形成机制。这是应用微观异质企业区位选择理论框架来进一步解析国际航运中心集聚经济形成与发展机理的最主要原因。

第二，空间形态的演变表现为由无差异的两个（或多个）区域演变为核心区与边缘区形态。国际航运中心一般都是从港口发展起来的且处于离城市中心较远的地区，由于腹地发达的经济促使国际航运中心成为吸纳货源、资本和不同类型航运企业的转移，促进资本积累和知识创造的重要地区，由此经济系统的内生力量将使航运中心演化分异，逐渐形成航运产业集聚或扩散状态；而引入企业异质性来研究经济活动的空间集聚经济关系，其研究的出发点仍然是假设经济空间存在两个无差异的区域，强调经济活动的集聚与扩散是一种内生过程。

第三，以垄断竞争和规模经济为假设条件的异质性企业的区位选择分析。国际航运中心内部多种市场结构并存，其主体产业即航运制造业、运输服务业及相关的航运服务业主要表现为垄断竞争结构模式，并呈现规模收益递增。在多种因素的影响下，不同类型的航运企业进行区位选择及区位的再选择，最终形成集聚或扩散的状态；而由于企业异质性更易导致不稳定的对称初始均衡，并最终导致完全集聚的出现，所以从企业异质性角度为切入点研究航运生产型企业、航运物流型企业和航运服务型企业基于航运要素禀赋的差异进行区位选择，进而产生空间集聚或扩散的现象，更为符合现实情况分析国际航运中心形成和发展的具体路径。

第二节　企业异质性视角下国际航运中心形成与发展的理论模型

一、异质性企业区位选择的前提

异质性航运企业进行区位选择的前提是基于经济空间的航运要素禀赋的不均衡分布。随着航运经济活动的变化，航运要素禀赋在空间上的分布也会发生显著的变化。

其一，航运要素禀赋本身的动态变化过程。随着经济社会的发展、时间的增长和技术的进步等条件的变化，航运要素禀赋的含义也会发生改变。从以最初的地理位置和港口优势等天然的航运要素禀赋为主，向资本、信息、技术、航运市场、综合服务、制度等综合航运要素禀赋转化。

其二，航运要素禀赋的循环累积效应日益明显。航运要素在时间维度和空间维度两个方向进行集聚与扩散，在某种意义上强化了航运要素禀赋的差异。

基于航运要素禀赋存在差异的条件下，对应于某一空间地理位置上的区位不但发生了量变，而且发生了质变。也就是说，空间上的不同区位之间由于某一区位具有航运要素禀赋而互不相同。[①]

因此，不同类型航运企业在进行区位选择时，就不能只考虑传统的"运输成本"因素，应该结合区位本身存在的"质"的差别，即考虑不同区位的航运要素禀赋的差异，在以获得收益最大化为目的的条件下实现异质性企业自我选择效应的过程。

二、理论模型的提出

（一）基本假设

藤田昌久等（Fujita Masahisa & Jacques-Francois Thisse，2002）综合了中心—外围模型和张伯伦（Chamberlinian）关于中间投入品多样性的方法，构建了关于粘性劳动力与区域专业化的两个区域、一种生产要素以及三部门模型。本书的模型基本假设与之相似。模型中包含两个区域，即航运中心地区和航运中心以外的边缘地区；一种生产要素，即劳动力，且劳动力是粘性的，其不能在区域间流动；经济系统中有三个部门，即制造业部门、服务业部门和传统部门，其中服务业部门为制造业部门提供服务产品。这里假定制造业部门和传统部门使用劳动力，且劳动力在空间上是不流动的，所以假定制造业部门产品是同质的，并且假定制造业部门具有规模报酬不变的特征以及完全竞争的市场结构。所有劳动力的偏好是一致的，可以用（3.1）式所表示的效用函数来代表：

$$U = M_l^\mu M_h^\varepsilon A^{1-\mu-\varepsilon} / \mu^\mu \varepsilon^\varepsilon (1-\mu-\varepsilon)^{1-\mu-\varepsilon} \qquad 0 < \mu, \varepsilon < 1 \qquad (3.1)$$

其中，U 表示消费者效用；M_l 表示对制造业部门使用低生产率服务产品而生产的同质产品的消费；M_h 表示对制造业部门使用高生产率服务产品而生产的同质产品的消费；A 表示对传统部门产品的消费；μ、ε 表示在消费者总支出额中对制造业部门各产品的支出份额；$1-\mu-\varepsilon$ 表示对传统部门产品的支出份额。

与之前的模型不同，本书借鉴了大久保（2010）关于企业异质性的研究思路，将服务业部门划分为生产效率不同的异质性企业。假定服务业部门以规模收益递增和垄断竞争为特征，生产多样化的现代服务业产品，以满足制

[①] 郝寿义（2007）认为：人类经济活动的空间受到要素禀赋的约束，不同要素禀赋分布决定了其空间的属性。经济空间的使用价值是由该空间要素禀赋的稀缺性决定的，空间要素禀赋的稀缺性体现在两个方面：经济空间要素的供给缺乏弹性、不同空间要素之间不能或难以相互替代。资料来源：郝寿义. 区域经济学原理. 上海：上海人民出版社，2007：72.

造业部门的服务需求，其区际交易遵循冰山交易成本，区内交易无交易成本，并且依据劳动生产率的不同而表现出企业异质性特征。为了方便研究，我们假设现代服务业部门有两类生产效率水平不同的企业：一种类型为低生产率水平的企业，需要较多单位的劳动力及具有较高的边际成本，称其为 l 企业；另一种类型为高生产率水平的企业，需要较少单位的劳动力及具有较低的边际成本，称其为 h 企业。其中，每个企业都需要使用 1 单位资本作为固定资本投入，则现代服务企业类型 j 生产产量 $q_j(i)$ 需要 $x_j(i)$ 单位的劳动力，其生产函数如（3.2）式所示：

$$x_j(i) = f_j + a_j q_j(i) \quad j \in (l, h) \tag{3.2}$$

其中，$q_j(i)$ 表示服务企业产量水平；f_j 表示固定劳动投入；a_j 表示企业的劳动力需求，该技术的规模报酬递增。

关于企业异质性的引入，本书假设现代服务业部门的异质性企业 l 和 h 的单位投入系数分别为 a_l 和 a_h，且 $a_l > a_h$。每个区域在初始均衡条件下拥有相同的 l 企业和 h 企业分布，β 和 $1-\beta$ 分别表示 l 企业和 h 企业区域内企业数量的构成，其中这个企业类型的份额 β 表示生产率分布，在梅里兹（2003）的研究中是外生给定的。由于每个区域的每单位资本与个体边际成本有关，因此可用不同企业单位投入系数 a_l 和 a_h 来测量。假设决定企业异质性的成本差异要高于 l 企业和 h 企业的相对分布比率，具体关系见（3.3）式。

$$\frac{\beta}{1-\beta} < \frac{a_l}{a_h} \quad 0 < \beta < 1 \tag{3.3}$$

同时，制造业部门使用服务业部门的服务产品，则制造业部门按照下面的生产函数进行生产：

$$X_h^M = L^{1-a} I_h^a \quad 0 < a < 1 \tag{3.4}$$

$$X_l^M = L^{1-a} I_l^a \quad 0 < a < 1 \tag{3.5}$$

其中，X_h^M 和 X_l^M 分别表示使用高生产率服务产品的制造业部门产出和使用低生产率服务产品的制造业部门产出，L 代表劳动力数量，I_h 和 I_l 分别表示高效率服务和低效率服务的产品需求指数：

$$I_h = \left\{ \int_0^{n_h^w} \left[q_h(i) \right]^\rho \, \mathrm{d}i \right\}^{1/\rho} \quad 0 < \rho < 1 \tag{3.6}$$

$$I_l = \left\{ \int_0^{n_l^w} \left[q_l(j) \right]^\rho \mathrm{d}j \right\}^{1/\rho} \qquad 0 < \rho < 1 \tag{3.7}$$

这里，$q_h(i)$ 表示高效率服务产品 i 的数量；$q_l(j)$ 表示低效率服务产品 j 的数量；n_h^w 和 n_l^w 分别表示高效率和低效率服务产品的数量。ρ 值越小，意味着服务产品的差异程度越大，σ 为任意两种异质产品间的替代弹性，且 $\rho = 1 - 1/\sigma$。

关于运输成本的假设，本书假定传统部门产品从一个区域运输到另一区域的成本为零；制造业部门产品从一个区域运输到另一个区域时，根据冰山成本理论，有正的运输成本 τ^M，且 $\tau^M > 1$，即如果某一区域把自己生产的 1 单位产品出售在区外市场，那么它必须运输 $\tau^M > 1$ 单位产品，在运输过程中 $\tau^M - 1$ 单位产品"溶解"掉了；对于服务业部门产品来说，由于服务产品为无形产品且通过信息技术手段进行传输，不存在运输成本，本书采用陈国亮（2010）的研究，假设信息从一个区域运输到另一区域时存在信息传递成本，这种信息传递成本 τ^I 直接取决于该地区的信息技术水平 g_{ij} 和信息化效率 v_{ij}，假定 $\tau^I = \mathrm{e}^{x + 1/g_{ij} v_{ij}}$（$\tau^I > 1$），这表示信息传递成本与信息技术水平和信息化效率成反比，地区间的信息技术水平和信息化效率越高，则地区间的信息传递成本越低。因此，对于服务企业来说，最初的区位选择会根据地区的信息技术水平和信息化效率等要素禀赋条件进行决策。基于信息传递成本的考虑，服务企业会选择在信息通信设施较好的地区集聚。此外，由于服务业部门存在不同生产率的企业，也就是说，对于高效率服务企业和低效率服务企业来说，信息传递成本也存在高低之分，同时高效率服务企业本身具有较高的信息技术水平和信息化效率，在一定程度上会降低信息传递成本。因此，相对于低效率服务企业来说，高效率服务企业的信息传递成本较低，即 $\tau_h^I < \tau_l^I$。

本书令 L_j^M、L_j^I、L_j^A 分别为居住在航运中心地区，并且在制造业部门、服务业部门和传统部门工作的劳动力数量，而航运中心以外的边缘地区的劳动力数量则分别为 $(L^*)^M$、$(L^*)^I$、$(L^*)^A$。此外，制造业部门变量使用标识 M 表示，服务业部门变量使用标识 I 表示，传统部门使用标识 A 表示，整个经济系统变量使用标识 W 表示。

（二）消费者行为

消费者效用函数由科布-道格拉斯效用函数表示，所有劳动力的偏好是一致的，并消费同质产品。地区代表性消费者效用函数如前（3.1）式所示：

$$U = M_l^{\mu} M_h^{\varepsilon} A^{1-\mu-\varepsilon} / \mu^{\mu} \varepsilon^{\varepsilon} (1-\mu-\varepsilon)^{1-\mu-\varepsilon} \qquad 0 < \mu, \varepsilon < 1 \qquad (3.1)$$

如果 Y 为消费者收入，p^A 是传统部门产品价格，而 p_l^M 是制造业部门低端产品的价格，p_h^M 是制造业部门高端产品的价格，则消费者的预算约束为：

$$p^A \times A + p_l^M \times M_l + p_h^M \times M_h = Y \qquad (3.8)$$

则两种消费品的需求函数如下：

$$A = (1-\mu-\varepsilon) Y / p^A \qquad (3.9)$$

$$M_l = \mu Y / p_l^M \qquad (3.10)$$

$$M_h = \varepsilon Y / p_h^M \qquad (3.11)$$

（三）生产者行为

1. 传统部门

传统部门以劳动力作为唯一的投入，在规模报酬不变的条件下，生产同质产品，并且在完全竞争的市场中出售产品，因此传统部门同质产品的价格为 $p^A = mc = L_A \times w_A$。其中，$L_A$ 为传统部门单位产出所需的劳动力，w_A 为传统部门的劳动力工资。传统部门的产品可以在任何区域间无成本运输并且被选为计价物，假设 $L_A = 1$ 且 $w_A = 1$，那么 $p^A = 1$。

2. 制造业部门

制造业部门在规模报酬不变和完全竞争的条件下生产同质产品，并且制造业部门使用服务业部门的服务产品，如（3.4）式、（3.5）式所示，制造业部门按照下面的生产函数进行生产：

$$X_h^M = L^{1-a} I_h^a \qquad 0 < a < 1$$

$$X_l^M = L^{1-a} I_l^a \qquad 0 < a < 1$$

其中，X_h^M 和 X_l^M 分别表示使用高生产率服务产品的制造业部门产出和使用低生产率服务产品的制造业部门产出，L 代表劳动力数量，I_h 和 I_l 分别表示高效率服务和低效率服务的产品需求指数：

$$I_h = \left\{ \int_0^{n_h^w} \left[q_h(i) \right]^\rho \mathrm{d}i \right\}^{1/\rho} \qquad 0 < \rho < 1$$

$$I_l = \left\{ \int_0^{n_l^w} \left[q_l(j) \right]^\rho \mathrm{d}j \right\}^{1/\rho} \qquad 0 < \rho < 1$$

这里，$q_h(i)$ 表示高效率服务产品 i 的数量；$q_l(j)$ 表示低效率服务产品 j 的数量；n_h^w 和 n_l^w 分别表示高效率和低效率服务产品的数量，$\rho = 1 - 1/\sigma$。[①]

服务部门的价格指数为：

$$P_I = \left[\int_0^{n^w} p(i)^{1-\sigma} \mathrm{d}i \right]^{1/(1-\sigma)} \tag{3.12}$$

其中，$p(i)$ 是服务产品 i 的价格。给定工资率 w_j，制造业部门的单位生产成本是：

$$c_l^M = \alpha^{-\alpha} (1-\alpha)^{-(1-\alpha)} (w_l a_l)^{1-\alpha} P_I^\alpha \tag{3.13}$$

$$c_h^M = \alpha^{-\alpha} (1-\alpha)^{-(1-\alpha)} (w_h a_h)^{1-\alpha} P_I^\alpha \tag{3.14}$$

相对于产出 X_h^M 和 X_l^M，制造业部门的投入需求为：

$$L_l^M = (1-\alpha) c_l^M X_l^M w_l^{-1} \tag{3.15}$$

$$L_h^M = (1-\alpha) c_h^M X_h^M w_h^{-1} \tag{3.16}$$

服务部门的产品产量为：

$$q_j(i) = \alpha c_j^M X_j^M p_j(i)^{-\sigma} P_I^{\sigma-1} \qquad j \in (l,h) \tag{3.17}$$

3. 服务业部门

服务业部门的高效率服务产品和低效率服务产品分别都在各自相同的技术下生产，即生产 $q_j(i)$ 数量产品需要 $f_j + q_j(i)$，$j \in (l,h)$。异质服务企业的利润函数是：

$$\pi_j(i) = p_j(i) q_j(i) - w_j \left[f_j + a_j q_j(i) \right], \quad j \in (l,h) \tag{3.18}$$

---

① ρ 值越小，意味着服务产品的差异程度越大，σ 为任意两种服务产品间的替代弹性。

异质服务企业 l 企业和 h 企业追求利润最大化，根据张伯伦垄断竞争，得到航运中心地区和边缘地区的产品加成定价如（3.14）式、（3.15）式所示：

$$p_l = \frac{w_l a_l}{1-(1/\sigma)} = \frac{w_l a_l}{\rho} \ , \quad p_l^* = \frac{\tau_l^I w_l a_l}{1-(1/\sigma)} = \frac{\tau_l^I w_l a_l}{\rho} \tag{3.19}$$

$$p_h = \frac{w_h a_h}{1-(1/\sigma)} = \frac{w_h a_h}{\rho} \ , \quad p_h^* = \frac{\tau_h^I w_h a_h}{1-(1/\sigma)} = \frac{\tau_h^I w_h a_h}{\rho} \tag{3.20}$$

现代服务业产品在航运中心地区的价格指数 P_l 如（3.21）式所示：

$$\begin{aligned}
P_l = \kappa_1 [& \beta n_l L_l^I (w_l a_l)^{1-\sigma} + \beta(1-n_l)\left(L_l^*\right)^I (\tau_l^I w_l a_l)^{1-\sigma} \\
& + (1-\beta) n_h L_h^I (w_h a_h)^{1-\sigma} \\
& + (1-\beta)(1-n_h)\left(L_h^*\right)^I (\tau_h^I w_h a_h)^{1-\sigma}]^{1/(1-\sigma)}
\end{aligned} \tag{3.21}$$

其中，$\kappa_1 \equiv \rho^{-1}\left(\sigma f\right)^{1/(\sigma-1)}$；这里 n_l 和 $1-n_l$ 分别表示国际航运中心地区和国际航运中心以外地区的 l 企业份额；n_h 和 $1-n_h$ 分别表示国际航运中心地区和国际航运中心以外地区的 h 企业份额。在初始均衡条件下，$n_l = n_h = 1/2$，L_j^I 和 $\left(L_j^*\right)^I$（$j \in (l,h)$）分别表示居住在航运中心地区和边缘地区，并且在服务部门工作的劳动力数量。用 Δ 表示消费者可消费的现代服务业产品价格的某个幂指数的平均值，定义 Δ 和 Δ^* 如（3.22）式所示。

$$\begin{aligned}
\Delta = & \beta n_l \left(w_l a_l\right)^{1-\sigma} + \beta(1-n_l)\varphi_l \left(w_l a_l\right)^{1-\sigma} + (1-\beta) n_h \left(w_h a_h\right)^{1-\sigma} \\
& + (1-\beta)(1-n_h)\varphi_h \left(w_h a_h\right)^{1-\sigma}
\end{aligned}$$

$$\begin{aligned}
\Delta^* = & \beta n_l \varphi_l \left(w_l a_l\right)^{1-\sigma} + \beta(1-n_l)\left(w_l a_l\right)^{1-\sigma} \\
& + (1-\beta) n_h \varphi_h \left(w_h a_h\right)^{1-\sigma} \\
& + (1-\beta)(1-n_h)\left(w_h a_h\right)^{1-\sigma}
\end{aligned} \tag{3.22}$$

其中，$\varphi_l = \left(\tau_l^I\right)^{1-\sigma}$，$\varphi_h = \left(\tau_h^I\right)^{1-\sigma}$。为了方便计算，我们定义 $P_l = \kappa_1 \Delta^{1/(1-\sigma)}$，$P_l^* = \kappa_1 \left(\Delta^*\right)^{1/(1-\sigma)}$。

将（3.19）式、（3.20）式代入（3.17）式，则位于航运中心地区的低效率服务部门企业和高效率服务企业的正常产品产量是：

$$q_l(i) = \alpha \left(\frac{w_l a_l}{\rho}\right)^{-\sigma} \begin{bmatrix} c_l^M X_l^M P_l^{\sigma-1} + \left(c_l^*\right)^M \\ \left(X_l^*\right)^M \left(\tau_l^I\right)^{-(\sigma-1)} \left(P_l^*\right)^{\sigma-1} \end{bmatrix} \tag{3.23}$$

$$q_h(i) = \alpha \left(\frac{w_h a_h}{\rho} \right)^{-\sigma} \begin{bmatrix} c_h^M X_h^M P_I^{\sigma-1} + \left(c_h^* \right)^M \left(X_h^* \right)^M \\ \left(\tau_h^I \right)^{-(\sigma-1)} \left(P_I^* \right)^{\sigma-1} \end{bmatrix} \tag{3.24}$$

（四）均衡分析

本书的模型是在制造业部门使用服务部门产品的前提下展开的。当使用服务部门的产品时，制造业部门之所以在某区域集聚，是因为服务产业聚集在该区域，然后吸引制造业部门区位选择至此，而制造业部门集聚此地，又提供了大量的服务产品需求，因此又会吸引大量的服务业部门集聚，相互作用，不断循环。

假定服务业部门和制造业部门均聚集在一个区域，即航运中心地区，此时航运中心以外的边缘地区的劳动力全部从事传统部门的生产活动，也就是说 $\left(L^* \right)^M = \left(L^* \right)^I = 0$ 和 $\left(L^* \right)^A = L$。因此，航运中心地区输出服务产品和制造业产品，而边缘地区输出传统产品。同样，假定居住在航运中心地区的劳动力，要么在服务部门工作，要么在制造业部门工作，所以 $L^A = 0$。然后，可以知道对称情况下航运中心地区和边缘地区的零利润工资表示为：$w \geq w^* = 1$，则设定 $w_l = w_h = w$，$w_l^* = w_h^* = w^* = 1$。

基于上述条件，可从（3.21）式得到航运中心地区和边缘地区的价格指数如下：

$$P_I = \kappa_1 \left[\beta n_l L_l^I \left(w_l a_l \right)^{1-\sigma} + (1-\beta) n_h L_h^I \left(w_h a_h \right)^{1-\sigma} \right]^{1/(1-\sigma)} \tag{3.25}$$

$$P_I^* = \kappa_1 \begin{bmatrix} \beta n_l L_l^I \left(\tau_l^I w_l a_l \right)^{1-\sigma} + (1-\beta) n_h L_h^I \\ \left(\tau_h^I w_h a_h \right)^{1-\sigma} \end{bmatrix}^{1/(1-\sigma)} \tag{3.26}$$

1. 传统产品市场均衡

首先，考虑传统产品市场的均衡条件。因为 $Y = Lw$ 且 $Y^* = L$，地区需求分别是：

$$A = (1-\mu-\varepsilon) Lw, \quad A^* = (1-\mu-\varepsilon) L \tag{3.27}$$

因为 $X^A = 0$ 和 $\left(X^* \right)^A = L$，由供给和需求相等，即 $A + A^* = X^A + \left(X^* \right)^A$，得到：

$$w = \frac{\mu+\varepsilon}{1-\mu-\varepsilon} \tag{3.28}$$

因为传统部门在航运中心地区不盈利，由此得出结论 $w \geq 1$，当且仅当：

$$\mu + \varepsilon \geq \frac{1}{2} \tag{3.29}$$

2. 制造业产品市场均衡

对于制造业部门来说，存在以下关系：

$$p_l^M = c_l^M \ , \quad \left(p_l^*\right)^M = p_l^M \tau^M = c_l^M \tau^M$$

$$p_h^M = c_h^M \ , \quad \left(p_h^*\right)^M = p_h^M \tau^M = c_h^M \tau^M$$

利用（3.10）式、（3.11）式，对制造业产品地区的需求是：

$$Q_l = \mu L w / c_l^M \ , \quad Q_l^* = \mu L / c_l^M \tau^M$$

$$Q_h = \varepsilon L w / c_h^M \ , \quad Q_h^* = \varepsilon L / c_h^M \tau^M$$

因为制造业产品是从航运中心地区输出到航运中心以外的边缘地区，则制造业产品市场的均衡意味着总的不同类型制造业产品产量 X_l^M、X_h^M 分别是：

$$X_l^M = Q_l + Q_l^* \tau^M = \frac{\mu}{1 - \mu - \varepsilon} \frac{L}{c_l^M}$$

$$X_h^M = Q_h + Q_h^* \tau^M = \frac{\varepsilon}{1 - \mu - \varepsilon} \frac{L}{c_h^M}$$

上式亦可表示为：

$$X_l^M c_l^M = \frac{\mu}{1 - \mu - \varepsilon} L \tag{3.30}$$

$$X_h^M c_h^M = \frac{\varepsilon}{1 - \mu - \varepsilon} L \tag{3.31}$$

在航运中心以外的边缘地区生产制造业产品不可能获利，当且仅当下式成立时：

$$\left(c_j^*\right)^M \geq \left(p_j^*\right)^M = c_j^M \tau^M \qquad j \in (l, \ h)$$

也即相当于：$\left(c_j^*\right)^M / c_j^M \geq \tau^M$。利用式（3.13）式、（3.14）式，上式成

立当且仅当：

$$\tau_l^I \geqslant \left(\tau^M\right)^{1/\alpha} \left(\frac{\mu+\varepsilon}{1-\mu-\varepsilon}\right)^{(1-\alpha)/\alpha} a_l^{\frac{1-\alpha}{\alpha}}$$

$$\tau_h^I \geqslant \left(\tau^M\right)^{1/\alpha} \left(\frac{\mu+\varepsilon}{1-\mu-\varepsilon}\right)^{(1-\alpha)/\alpha} a_h^{\frac{1-\alpha}{\alpha}}$$

3. 服务业产品市场均衡

下面考虑服务产品部门。给定（3.23）式、（3.24）式、（3.30）式、（3.31）式和 $X^A=0$ ， $\Delta_1=\beta n_l L_h^I \left(w_l a_l\right)^{1-\sigma} + \left(1-\beta\right) n_h L_h^I \left(w_h a_h\right)^{1-\sigma}$ ，可以推出如下关系：

$$q_l = \alpha \left(\frac{w_l a_l}{\rho}\right)^{-\sigma} \left[c_l^M X_l^M P_l^{\sigma-1}\right] = \alpha \rho^\sigma \left(w a_l\right)^{-\sigma} \left[\frac{\mu L}{1-\mu-\varepsilon} \kappa_1^{\sigma-1} \Delta_1^{-1}\right]$$

$$q_l^* = \alpha \left(\frac{a_l}{\rho}\right)^{-\sigma} \left[c_l^M X_l^M \left(\tau_l^I\right)^{-(\sigma-1)} P_l^{\sigma-1}\right] = \alpha \rho^\sigma a_l^{-\sigma} \left[\frac{\mu L}{1-\mu-\varepsilon} \left(\tau_l^I\right)^{-(\sigma-1)} \kappa_1^{\sigma-1} \Delta_1^{-1}\right]$$

同理：

$$q_h = \alpha \rho^\sigma \left(w a_h\right)^{-\sigma} \left[\frac{\varepsilon L}{1-\mu-\varepsilon} \kappa_1^{\sigma-1} \Delta_1^{-1}\right]$$

$$q_h^* = \alpha \rho^\sigma a_h^{-\sigma} \left[\frac{\varepsilon L}{1-\mu-\varepsilon} \left(\tau_h^I\right)^{-(\sigma-1)} \kappa_1^{\sigma-1} \Delta_1^{-1}\right]$$

第一个均衡条件是：行业可以自由进入，自由流出，利润为零。由（3.18）式、（3.19）式、（3.20）式得到此时的条件为 $q_l = \frac{\sigma-1}{a_l} f$ 和 $q_h = \frac{\sigma-1}{a_h} f$ ，据此可以得出：

$$\alpha \rho^\sigma \left(w a_l\right)^{-\sigma} \left[\frac{\mu L}{1-\mu-\varepsilon} \kappa_1^{\sigma-1} \Delta_1^{-1}\right] = \frac{\sigma-1}{a_l} f$$

$$\alpha \rho^\sigma \left(w a_h\right)^{-\sigma} \left[\frac{\varepsilon L}{1-\mu-\varepsilon} \kappa_1^{\sigma-1} \Delta_1^{-1}\right] = \frac{\sigma-1}{a_h} f$$

其中， $\kappa_1 = \rho^{-1} \left(\sigma f\right)^{1/(\sigma-1)}$ ， $w = \left(\mu+\varepsilon\right)/\left(1-\mu-\varepsilon\right)$ 。

第二个均衡条件是:航运中心以外边缘地区的服务产品部门是不盈利的。

相当于 $q_l^* \leqslant \dfrac{\sigma-1}{a_l}f$，$q_h^* \leqslant \dfrac{\sigma-1}{a_h}f$，也就等同于:

$$\tau_l^I \geqslant \left(w_l\right)^{1/\rho}, \quad \tau_h^I \geqslant \left(w_h\right)^{1/\rho} \tag{3.32}$$

因为假设存在 $w_l = w_h = w = \dfrac{\mu+\varepsilon}{1-\mu-\varepsilon}$，所以存在如下关系:

$$\tau_l^I = \tau_h^I \geqslant \left(\frac{\mu+\varepsilon}{1-\mu-\varepsilon}\right)^{1/\rho}$$

4. 结论与图示分析

基于上述分析,本书可以得出下述结论:

命题 1:假定 $\mu+\varepsilon \geqslant 1/2$。当且仅当下面的四个条件满足时,服务业部门和制造业部门集聚在航运中心地区是一个均衡:

$$\tau_l^I \geqslant \left(\tau^M\right)^{1/\alpha}\left(\frac{\mu+\varepsilon}{1-\mu-\varepsilon}\right)^{(1-\alpha)/\alpha}a_l^{\frac{1-\alpha}{\alpha}} \tag{3.33}$$

$$\tau_h^I \geqslant \left(\tau^M\right)^{1/\alpha}\left(\frac{\mu+\varepsilon}{1-\mu-\varepsilon}\right)^{(1-\alpha)/\alpha}a_h^{\frac{1-\alpha}{\alpha}} \tag{3.34}$$

$$\tau_l^I \geqslant \left(\frac{\mu+\varepsilon}{1-\mu-\varepsilon}\right)^{1/\rho} \tag{3.35}$$

$$\tau_h^I \geqslant \left(\frac{\mu+\varepsilon}{1-\mu-\varepsilon}\right)^{1/\rho} \tag{3.36}$$

因此,当服务产品的信息传递成本相对高于制造产品的运输成本时,就完成完善的地区分工。此时,制造业部门和服务业部门都完全集中在航运中心地区,而传统部门仅集中在航运中心以外的边缘地区。此外,当 $(\mu+\varepsilon)/(1-\mu-\varepsilon) \geqslant 1$ 成立时,高效率服务企业和低效率服务企业的信息传递成本必须大于临界值 $\left((\mu+\varepsilon)/(1-\mu-\varepsilon)\right)^{1/\rho}$,而当服务产品差异化程度提高时，临界值也变大。航运中心—边缘结构稳定的区域 $\left(\tau_l^I,\tau^M\right)$、$\left(\tau_h^I,\tau^M\right)$，就是图 3.1、图 3.2、图 3.3 和图 3.4 的阴影部分。

如图 3.1 和图 3.2 所示，低效率服务部门以及其提供服务的制造业部门共同形成的航运中心—边缘结构稳定的区域 $\left(\tau_l^I,\tau^M\right)$。图中阴影面积是由曲线为 $\tau_l^I \geqslant \left(\tau^M\right)^{1/\alpha}\left(\dfrac{\mu+\varepsilon}{1-\mu-\varepsilon}a_l\right)^{(1-\alpha)/\alpha}$ 和 $\tau_l^I \geqslant \left(\dfrac{\mu+\varepsilon}{1-\mu-\varepsilon}\right)^{1/\rho}$ 构成。图 3.1 表示的是，当 $\rho < \alpha/(1-\alpha)$ 时，则 $1/\rho > (1-\alpha)/\alpha$，又由于 $0 < a_l < 1$，所以存在关系：$\left(\dfrac{\mu+\varepsilon}{1-\mu-\varepsilon}\right)^{1/\rho} > \left(\dfrac{\mu+\varepsilon}{1-\mu-\varepsilon}a_l\right)^{(1-\alpha)/\alpha}$；而图 3.2 表示的是，当 $\rho > \alpha/(1-\alpha)$ 且 $\dfrac{\mu+\varepsilon}{1-\mu-\varepsilon}$ 的值非常大时，也就是制造业两部门产品在消费者总支出额中占明显大的比重时，则会出现 $\left(\dfrac{\mu+\varepsilon}{1-\mu-\varepsilon}\right)^{1/\rho} < \left(\dfrac{\mu+\varepsilon}{1-\mu-\varepsilon}a_l\right)^{(1-\alpha)/\alpha}$，此时稳定区域的面积扩大。

如图 3.3 和图 3.4 所示，高效率服务部门以及其提供服务的制造业部门共同形成的航运中心—边缘结构稳定的区域 $\left(\tau_h^I,\tau^M\right)$。图中阴影面积是由曲线为 $\tau_h^I \geqslant \left(\tau^M\right)^{1/\alpha}\left(\dfrac{\mu+\varepsilon}{1-\mu-\varepsilon}a_h\right)^{(1-\alpha)/\alpha}$ 和 $\tau_h^I \geqslant \left(\dfrac{\mu+\varepsilon}{1-\mu-\varepsilon}\right)^{1/\rho}$ 构成。图 3.3 表示的是，当 $\rho < \alpha/(1-\alpha)$ 时，则 $1/\rho > (1-\alpha)/\alpha$，又由于 $0 < a_h < 1$，所以存在关系：$\left(\dfrac{\mu+\varepsilon}{1-\mu-\varepsilon}\right)^{1/\rho} > \left(\dfrac{\mu+\varepsilon}{1-\mu-\varepsilon}a_h\right)^{(1-\alpha)/\alpha}$；而图 3.4 表示的是，当 $\rho > \alpha/(1-\alpha)$ 且 $\dfrac{\mu+\varepsilon}{1-\mu-\varepsilon}$ 的值非常大时，也就是制造业两部门产品在消费者总支出额中占明显大的比重时，则会出现 $\left(\dfrac{\mu+\varepsilon}{1-\mu-\varepsilon}\right)^{1/\rho} < \left(\dfrac{\mu+\varepsilon}{1-\mu-\varepsilon}a_h\right)^{(1-\alpha)/\alpha}$，此时稳定区域的面积增大。

此外，通过图示比较也可以反映出低效率服务企业和高效率服务企业相对稳定的区域大小是不相等的。根据假定低效率服务企业的单位投入系数高于高效率服务企业的单位投入系数，即 $0<a_h<a_l<1$，又由于存在 $(1-\alpha)/\alpha>0$ 和 $\dfrac{\mu+\varepsilon}{1-\mu-\varepsilon}>0$，所以不等式

$$\left(\frac{\mu+\varepsilon}{1-\mu-\varepsilon}a_l\right)^{(1-\alpha)/\alpha}>\left(\frac{\mu+\varepsilon}{1-\mu-\varepsilon}a_h\right)^{(1-\alpha)/\alpha}$$ 成立。因此，通过图示反映出低效率服

务企业的稳定区域面积要小于高效率服务企业的稳定区域面积。

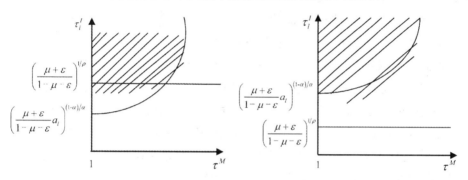

图3.1 航运中心—边缘结构稳定区域1   图3.2 航运中心—边缘结构稳定区域2

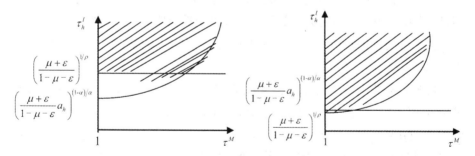

图3.3 航运中心—边缘结构稳定区域3   图3.4 航运中心—边缘结构稳定区域4

资料来源：图3.1至图3.4作者研究整理。

命题2：企业异质性可以作为引起聚集的一种力量，更多的异质性企业可能导致完全聚集的产生并在一定条件下保持稳定。相对于低效率服务企业

而言，高效率服务企业由于自身单位投入系数较低而集聚在航运中心地区表现出的稳定性更高。

（五）国际航运中心的形成与发展

结合条件（3.33）式、（3.34）式、（3.35）式和（3.36）式，本书下面集中讨论国际航运中心的形成问题。

（3.33）式和（3.34）式意味着制造业两个部门在航运中心以外的边缘地区运营很不划算，因为从航运中心地区输入服务产品的信息传递成本很高，所以其价格很昂贵。如果在航运中心地区运营，因为制造业部门的运输成本 τ^M 的值相对较小，从航运中心地区输出其产品至航运中心以外的边缘地区却很便宜。因此，基于服务产品的需求和运输成本的考虑，制造业部门将生产区位选择在同服务业部门同一位置的航运中心地区。而（3.35）式和（3.36）式也意味着服务部门的厂商不愿意选择在航运中心以外的边缘地区生产经营，这主要是基于以支付较高的信息传递成本才能将其全部产品输出到航运中心地区的考虑。值得注意的是，在这种情况下制造企业和服务企业都会被锁定在同一区域，即航运中心地区，即使当制造业产品的运输变得越来越便宜（ τ^M 趋向于 1）时，这种集聚在航运中心地区的情况也很难发生改变。最终，经济系统形成了长期稳定的核心—边缘模型。

为了打破这样一个锁定，服务产品的信息传递成本必须低于某个关键值。但是，当特定服务产品的提供需要诸如高度个性化服务（意味着 τ^I 很大）时，就需要有面对面的合约或中介提供商的服务，那么此时想要打破这个锁定并不容易。

此外，只要（3.33）式、（3.34）式、（3.35）式和（3.36）式成立，代表消费者对制造业两个部门产品的支出份额 μ 值和 ε 值都有提高的可能性存在。因为 $w=(\mu+\varepsilon)/(1-\mu-\varepsilon)$ 且 $w^*=1$， μ 值和 ε 值变大在一定程度上会拉大航运中心地区和航运中心以外的边缘地区的工资差距，这也导致了两个地区的实际工资差距也会变得越来越大。随着航运中心地区劳动力工资的上升，在一定程度上会增加制造业部门的劳动力成本，因此对于主要考虑成本因素的制造业部门最终会分散到劳动力成本较低的航运中心以外的边缘地区。

然而，当服务部门的信息传递成本降到了令（3.33）式和（3.34）式不成立的时候，假定（3.35）式和（3.36）式仍然成立，可以预期服务部门仍然集聚在航运中心地区，而制造业部门的一部分将会转移至航运中心以外的边缘地区。而此时位于航运中心以外的制造业部门所需要的服务产品，则是在航运中心地区通过信息网络系统直接提供或由第三方物流企业间接提供。

最后，当服务产品的信息传递成本极为廉价（τ' 趋向于 1）时，可以预期制造业部门和服务业部门的对称分布是合理的，即制造业部门全部转移至航运中心以外的边缘地区，而服务业则继续集聚在航运中心地区。

综上所述，国际航运中心形成与发展的内在机理为：不同类型的企业基于航运要素禀赋条件的不同，通过区位选择以及区位再选择的反复过程所产生的集聚或扩散的最终结果。

第三节　国际航运中心形成与发展：基于理论模型的解释

在这一节中，本书将对第二节构建的企业异质性视角下的理论模型进行解释，以便更合理地阐述国际航运中心形成与发展的内在机理。在国际航运中心形成与发展过程中，不同类型的航运企业基于航运要素禀赋的差异进行区位选择，从而产生集聚或扩散，并且带动各种航运要素的流动。随着时间和空间维度上的动态演变，航运要素通过内容上的变化和动态累积逐步转化为航运要素禀赋，进而导致更多的航运企业进行区位的再选择，产生规模更大的集聚或扩散现象。

根据本书第二章的划分，这里首先对航运生产型企业、航运物流型企业和航运服务型企业等不同类型的航运企业进行界定。基于生产效率不同的异质性企业的考虑，将航运生产型企业分为"高效率"的船舶制造企业和"低效率"的产品加工企业，将航运物流型企业分为"高效率"的第三方物流企业和"低效率"的运输服务企业，将航运服务型企业分为"高效率"的高端航运服务企业和"低效率"的低端航运服务企业。由此，本节在理论模型的框架下研究不同类型航运企业的区位选择，进一步揭示不同类型航运企业集聚或扩散的内在机制，描述国际航运中心形成与发展的特征性事实并解释其内在机理。

一、货物集聚型国际航运中心

国际航运中心的功能通常是由其初始的航运要素禀赋所决定的。某一区位独特的航运要素禀赋会吸引不同类型的航运企业选择在此进行生产经营，并形成有效的集聚，如此反复，经过不同类型的区位选择及区位的再选择，最终形成相应的国际航运中心。这里，首先从最初的临港经济形态下区位选择来分析货物集聚型国际航运中心的形成与发展的内在机理。

在最初的临港经济形态下，初期拥有的纯自然的航运要素禀赋的差异和相应的运输成本是航运企业区位选择的主要考虑因素。假设整个经济系统只包含两个区域，即港口中心城市地区和港口中心城市以外的边缘地区；使用一种生产要素，即劳动力；三部门分别为航运生产部门、物流服务部门和传统部门。其中，航运生产部门分为船舶制造企业和产品加工企业，而物流服务部门分为第三方物流企业和运输服务企业，并且物流服务部门为航运生产部门提供物流及运输服务。

由于地区之间的初始航运要素禀赋的差异，导致对良好的地理位置和港口资源等自然的航运要素禀赋具有区位偏好的运输服务企业会选择集聚在港口中心城市地区。基于成本因素的考虑，船舶制造企业和产品加工企业等航运生产企业进行区位选择时，由于运输服务企业为其提供基本的运输服务，因此，航运生产企业会选择在运输服务企业集聚的地方生产经营。然而，对于航运生产部门中的船舶制造企业来说，生产规模大、产业关联性强且具备资本密集、技术密集和劳动力密集于一体的行业特征要求更高层次的物流及代理服务需求。随着航运生产企业物流和代理服务需求的增加，吸引了如船公司等第三方物流企业的区位选择至此。随着物流及代理服务效率的提高，又进一步吸引航运生产企业的集聚。

在主体模型的框架下，当船舶制造部门和产品加工部门等航运生产部门的产品在消费者支出份额中所占比例不低于 1/2 时，基于规模经济和物流服务需求的考虑，物流服务部门和航运生产部门选择在港口中心城市集聚是一个均衡。均衡条件仍满足（3.33）式、（3.34）式、（3.35）式和（3.36）式。此时，由于信息技术水平和信息化效率的限制，物流服务两部门将不会选择离开港口中心城市，而航运生产企业由于对物流和代理服务的需求以及运输成本的考虑，也将会选择在港口中心城市集聚。

这样，在强大的腹地经济支持下，拥有先进的现代化港口和完善的集疏运体系等配套基础设施保证了运输物流服务的发展，从而吸引船舶生产企业和产品加工企业等航运生产企业的大规模集聚，由此带来的充沛的货物和集装箱等货源，又进一步吸引第三方物流企业的集聚。如此反复下去，最终形成了以提供货物运输服务为主的货物集聚型国际航运中心。

二、航运服务集聚型国际航运中心

国际航运中心功能的转换主要体现为其主导功能的变化。随着货物集聚型国际航运中心的发展，高效率的航运生产企业和物流服务企业也需要更多的航运服务需求，吸引了航运服务企业的集聚，并导致原有的货物集聚型国际航运中心的产业空间布局发生变化。

在主体模型的框架下，假设整个经济系统只包含两个区域，即货物集聚型国际航运中心和航运中心以外的边缘地区；使用一种生产要素，仍为劳动力；三部门分别为航运生产部门、航运服务部门和传统部门。这里，航运服务部门包括高端航运服务企业和低端航运服务企业，航运服务部门为航运生产部门提供服务。

随着航运生产企业和航运物流企业集聚规模的扩大，必然带来航运服务业需求的增加，而航运服务业偏向集中于广泛应用现代化信息技术的国际航运中心地区。而原有的船舶工业和产品加工业等航运生产行业已经占据了这样的区位，这必然造成一种对于航运中心区位的争夺。这就会直接体现在对于土地要素资源的竞标价格上。很显然，当土地有限且价格上升时，航运服务业将会在一定程度上驱逐航运制造业等向边缘地区转移。此外，两个地区的工资差距拉大，导致航运生产企业需要支付更多的劳动力工资时，为了追求低成本，航运生产企业也会选择向成本更低的边缘地区转移。

值得注意的是，货物集聚型国际航运中心地区的航运物流企业已经发展到一定程度，不仅包括运输服务企业还包括较高层次的第三方物流企业。航运物流企业在一定程度上减少了航运生产企业的运输成本，而且能够提供与航运相关的代理业务，降低了交易成本。因此，航运物流企业提供的物流和代理服务业促使了航运生产企业向周边地区转移，寻求更适合生存的边缘地区或其他航运中心地区。

根据命题 2 可知，相对于低效率航运服务企业而言，高效率航运服务企业由于自身单位投入系数较低而集聚在航运中心地区表现出的稳定性更高。随着信息化水平及信息化效率的提高，使得航运服务企业的信息传递成本显著降低。因此，一部分与航运生产企业的货物货源高度相关的，需要占用更多土地的物流仓储企业、理货企业、集装箱堆场、船员劳务等低效率的服务企业将会向具有特定区位（集疏运优势）的边缘地区转移，并集聚在一起；而另一部分如航运金融、航运保险、船舶经纪、航运人才、法律服务、船级社以及航运研究等高端航运服务机构所提供的具有高度个性化的特定服务产品，其信息传递成本很大，需要有面对面的合约或中介提供商的服务，因此其一旦集聚就很难再发生转移。

这样，随着航运制造业和部分低端航运服务业向边缘地区的转移以及高端航运服务业向国际航运中心地区集聚，也会直接形成国际航运中心的更新过程。由此，以货物运输服务功能为主的货物集聚型国际航运中心逐步转换为以高端航运服务为主要功能的航运服务型国际航运中心。

三、全要素集聚型国际航运中心

前面已经分析了完全的市场经济条件下，国际航运中心演变的一般过程和规律。但是，现实中的各类产业的集聚或扩散，国际航运中心的发展以及功能变化会受到许多非市场因素的影响，特别是容易受到政府行为诱导作用的影响，如地方政府对于公共产品特别是交通基础设施或信息基础设施的建设和指导，以及相关优惠政策的出台，也将直接影响不同类型航运企业的区位选择，导致相关产业集聚扩散的实现。

与之前类似，仍在主体模型的框架下，假设整个经济系统只包含两个区域，即货物集聚型国际航运中心和航运中心以外的边缘地区；使用一种生产要素，仍为劳动力；三部门分别为航运生产部门、航运服务部门和传统部门。这里，航运服务部门包括高端航运服务企业和低端航运服务企业，航运服务部门为航运生产部门提供服务。

在一定区域内存在一个绝对领导地位的核心城市，即货物集聚型国际航运中心，并且其货运中心功能目前仍处于世界主流地位，并继续发展。随着国际航运中心的不断发展，其影响覆盖的范围也不断扩大，地方政府也通过增加对公共物品的投入和优惠政策的制定，进而不断影响国际航运中心的功能。具体来说，随着航运制造业和航运物流业等相关产业的高级化，吸引了航运服务企业的区位选择至此，形成了航运服务业集聚，进而分散航运制造业等。在这个过程中，由于具有广阔的经济腹地，物流产业发达，所以航运生产企业中的一部分产品加工企业会选择分散到离货物集聚型国际航运中心不远且交通基础设施和信息基础设施发达的特定区位优势地区，而另一部分与港口区位相关的船舶工业企业将会继续集聚在航运中心地区。

这样通过政府行为的引导，既能够保证源源不断的国际贸易量或货物中转量，又能吸引航运中心以外的边缘地区或其他航运中心地区也会将其顶端的航运服务业转移到核心城市。根据（3.34）式和（3.36）式可知，高端航运服务企业由于其提供的个性化服务产品而表现出高度稳定的集聚状态。所以，顶端的航运服务业一旦集聚到货物集聚型航运中心，必将引起新一轮的不同类型航运企业的区位选择，并导致更大范围的航运要素的集聚，最终形成相对稳定的货运和高端服务双向功能齐备的全要素集聚型国际航运中心。

第四章　国际航运中心演进影响因素的实证检验

上一章的理论分析表明，在国际航运中心形成与发展过程中，不同类型的航运企业基于航运要素禀赋差异进行区位选择与区位的再选择，从而产生规模更大的集聚或扩散现象。在这样的时间和空间维度的动态演变过程中，以航运制造业和航运物流业及其相关产业为主的货物集聚型国际航运中心、以航运制造业和高端航运服务业及其相关产业为主的全要素集聚型国际航运中心、以高端航运服务业及其相关产业为主的航运服务型国际航运中心也相继出现。根据国际航运中心形成与发展理论模型的结果显示，腹地经济状况、交通基础设施水平、信息基础设施水平、人力资本水平、企业异质性因素以及政府出台的优惠政策等因素对于国际航运中心的形成与发展起到了至关重要的作用。这里，企业异质性因素主要反映的是航运生产型企业、航运物流型企业以及航运服务型企业的集聚程度，而腹地经济状况则包含了腹地综合实力和腹地国际贸易能力。同时，理论模型也显示出上述这些因素对不同类型国际航运中心的影响力度却各不相同。也就是说，随着国际航运中心所处阶段不同，影响其形成与发展的主导因素也会随之发生变化。

究其原因，影响国际航运中心发展水平的因素是非常复杂的，国际航运中心形成与发展的实现可能是多种要素协同作用的结果。国际航运中心所处的发展阶段不同，影响其发展水平的影响因素也会有所不同。因此，为了更为客观地研究不同类型国际航运中心的形成过程与发展水平，这里将以被广泛公认的香港国际航运中心作为样本进行计量分析，研究货物集聚型、航运服务型、全要素集聚型国际航运中心演进的影响因素，对于明确我国建设国际航运中心的未来发展模式以及提出促进我国国际航运中心建设的政策建议具有重要的理论和现实意义。

本章正是基于上述考虑，以香港国际航运中心为样本，借助于前两章的理论分析，并运用 VAR 模型协整检验和误差修正模型的实证分析方法，针对不同类型国际航运中心的发展水平和影响因素之间的长期均衡与短期动态关系进行研究，对国际航运中心的演进影响因素进行比较深入细致的研究。

第一节 国际航运中心演进影响因素的指标体系

一、指标选择与数据说明

（一）指标选择

通常情况下，航运经济及其相关活动规模越大，所产生的规模经济和外部经济效应就越明显，越能吸引更多的航运企业集聚于此。因此，航运经济活动规模是衡量国际航运中心发展水平的重要指标。此外，不同类型的航运经济主体参与航运经济活动所创造的经营活动成果也是衡量国际航运中心发展水平的另一重要指标。

关于国际航运中心演进影响因素的指标选取，本书借鉴苏立峰和雷强（2009）的研究成果，将影响国际航运中心演进过程的因素分为四大类：第一类指标是国际航运中心形成与发展过程中涉及的宏观经济变量因素，如腹地的综合实力、贸易比率等；第二类指标是基础设施规模因素，如交通基础设施水平、信息基础水平和人力资本水平等；第三类指标是所在地区拥有的不同类型产业的集聚程度因素，如制造业集聚度、服务业集聚度、物流业集聚度等；第四类指标是指地区的制度和政策条件，如宏观税率水平、政策稳定性等。

基于以上的分析，本书将指标体系划分为两大类：一类是国际航运中心发展水平指标，主要从航运经济活动规模和航运经济主体所创造的经营活动成果来描述，且不同类型的国际航运中心发展水平的衡量指标也各不相同；另一类是国际航运中心演进过程中的影响因素指标，是指影响国际航运中心形成和发展过程中的一些外部因素，主要包括腹地的综合实力、贸易比率、人力资本水平、交通基础设施水平、信息基础设施水平、制造业集聚度、服务业集聚度、物流业集聚度以及宏观税率水平等指标。

本书的研究对象是香港国际航运中心。截至 2010 年，作为连续 17 年被美国传统基金会和《华尔街日报》发布的《全球经济自由度指数》报告评为全球最自由开放的经济体之一（谢少华，2011），中国香港以其优越的自然条件、自由的市场制度、发达的金融和物流服务以及完善的法律制度，已经成为全球公认的国际航运中心。中国香港不但拥有完备的港口基础设施以及位居前列的港口吞吐量，还提供较为完善的如船舶融资、航运保险、船务经纪、验船维修、仲裁与法律服务等中高端航运服务（王婕丽，2010）。此外，很多国际知名的船舶所有人和国际组织总部都选择在中国香港经营业务。因此，香港国际航运中心已从货物集聚型国际航运中心逐步向全要素集聚型国际航运中心转变，选择香港国际航运中心作为分析对象具有代表性。

（二）数据说明

鉴于相关数据的可得性和时间的连续性，本书采用2001~2012年香港的季度时间序列数据，相关数据来源于2001年12月至2012年12月的《香港统计月刊》。在实证分析中，对所有的时间序列数据均进行自然对数处理，以减少异方差对模型整体回归效果的影响。本书的计量分析主要使用以下变量，详细划分见表4.1、表4.2、表4.3所示的不同类型国际航运中心发展水平和影响因素的指标体系，文中计量软件为Eviews 6.0。

表4.1　货物集聚型国际航运中心指标体系

国际航运中心发展水平指标	进出口贸易类企业机构数量比重（mtop）
	港口货柜吞吐量（ttop）
国际航运中心影响因素指标	腹地综合实力（gdp）
	人力资本水平（hum）
	信息基础设施水平（infor）
	宏观税率水平（tax）
	贸易比率（trade）
	交通基础设施水平（traf）
	制造业集聚度（zem）
	物流业集聚度（yem）

资料来源：作者研究整理。

详细的数据说明如下：

关于国际航运中心发展水平指标的说明。第一，货物集聚型国际航运中心的发展水平采用港口货柜吞吐量和进出口贸易企业机构数量占机构单位总量比重代表；第二，航运服务型国际航运中心的发展水平采用高端航运服务业机构数量占机构单位总量比重和高端航运服务业部门产值占国内生产总值的比重来衡量，基于数据可得性的考虑，本书用金融保险类服务业的数据来代表高端航运服务业的数据；第三，全要素集聚型国际航运中心的发展水平采用金融保险类及运输服务类企业机构数量占机构单位总量比重和航运服务业部门产值占国内生产总值的比重表示。

表 4.2　航运服务型国际航运中心指标体系

国际航运中心发展水平指标	高端航运服务业部门产值比重（jgdp）
	高端航运服务企业机构数量比重（jtop）
国际航运中心影响因素指标	腹地综合实力（gdp）
	人力资本水平（hum）
	信息基础设施水平（infor）
	服务业集聚度（jem）
	宏观税率（tax）
	贸易比率（trade）
	交通基础设施水平（traf）
	物流业集聚度（yem）

资料来源：作者研究整理。

表 4.3　全要素集聚型国际航运中心指标体系

国际航运中心发展水平指标	服务业部门产值比重（fgdp）
	航运服务企业机构数量比重（ftop）
国际航运中心影响因素指标	腹地综合实力（gdp）
	人力资本水平（hum）
	信息基础设施水平（infor）
	交通基础设施水平（traf）
	物流业集聚度（yem）
	贸易比率（trade）
	服务业集聚度（jem）

资料来源：作者研究整理。

关于国际航运中心演进影响因素的说明。第一，腹地综合实力（gdp）的衡量。高度发达的经济腹地能够有效提供充足的货源，带动信息和资金的流动，已成为影响国际航运中心发展的重要条件。这里用本地生产总值内含的平减物价指数进行平减处理，以中国香港的名义国内生产总值推算出 2001 年 3 月~2012 年 6 月的实际国内生产总值，以消除通货膨胀的影响。

第二，人力资本水平（hum）的衡量。人力资源不仅能够开发自然资源，还能够通过其特有的高层次的能动性创造出新的物质资源有效弥补物质资源的不足（计小青，2012）。现有文献关于人力资本存量的测度方法较多，这里将教育及科研机构类就业人数占所有就业人数的比重作为人力资本水平的代理变量。第三，信息基础设施水平（infor）的衡量。随着市场化的加速，信息水平已成为决定企业成功与否的关键因素之一，信息传输成本的高低已直接成为国际航运中心所在地区经营环境优劣的重要标志。这里选用宽频互联网接驳客户户口数作为信息基础设施水平的代理变量。第四，宏观税率水平（tax）的衡量。宏观税率水平的高低反映一个国家或地区的自由开放程度，是政府依据地区的经济运行态势而提出的各种增加或降低经济主体利益措施的一种表现形式。这里的宏观税率水平为一国或地区的宏观复合税率,采用财政收入与国内生产总值的比值作为代理变量。第五，贸易比率（trade）的衡量。国际贸易的发展为国际航运中心的发展奠定了基础，同时也会带动航运管理、航运融资、航运保险等航运服务业的兴起，因此国际贸易的规模大小也逐渐成为了国际航运中心发展的重要条件。这里将进出口总额与国内生产总值的比值作为衡量贸易比率的代理变量。第六，交通基础设施水平（traf）的衡量。传统区位理论将运输成本因素视为决定企业区位选择的重要因素之一。交通基础设施水平的高低也将直接经济腹地的货源能否顺利进出港口作为决定港口经济腹地大小的重要因素，是影响国际航运中心发展的基础环境条件。这里将货运车辆数量的大小作为衡量交通基础设施水平的代理变量。第七，航运相关产业集聚度的衡量。不同类型的航运企业作为国际航运中心形成与发展的参与主体，直接影响着国际航运中心的发展方向。这里将制造业就业人数比重作为衡量制造业集聚度（zem）的代理变量，将货仓及运输辅助服务业就业人数比重作为衡量物流业集聚度（yem）的代理变量，将金融保险类服务业就业人数比重作为衡量服务业集聚度（jem）的代理变量。

二、研究方法及平稳性检验

（一）实证分析方法

为考察国际航运中心发展水平与各影响因素之间的动态关系，本书将采用向量自回归模型（VAR）模型来分析国际航运中心演进过程汇总的发展水平与影响因素的双向作用机制。在模型的每一个方程中，内生变量对模型的全部内生变量的滞后值进行回归，从而估计全部内生变量的动态关系（张玺，2009）。

向量自回归模型（VAR）的一般数学形式如（4.1）式所示：

$$Y_t = c + \Pi_1 Y_{t-1} + \Pi_2 Y_{t-2} + \cdots + \Pi_k Y_{t-k} + u_t, \quad u_t \sim IID(0, \Omega) \tag{4.1}$$

$$\Pi_j = \begin{bmatrix} \pi_{11.j} \pi_{12.j} \cdots \pi_{1N.j} \\ \pi_{21.j} \pi_{22.j} \cdots \pi_{2N.j} \\ \pi_{31.j} \pi_{32.j} \cdots \pi_{3N.j} \\ \pi_{N1.j} \pi_{N2.j} \cdots \pi_{NN.j} \end{bmatrix}, \quad j = 1, 2, \cdots, k$$

其中，$Y_t = (y_{1,t}, \ y_{2,t}, \ \cdots, \ y_{N,t})'$，$c = (c_1, \ c_2, \ \cdots, \ c_N)'$，$u_t = (u_{1t}, \ u_{2t}, \ \cdots, u_{Nt})'$。$Y_t$ 为 $N \times 1$ 阶时间序列列向量，u 为 $N \times 1$ 阶常数项列向量。$\Pi_1, \cdots, \Pi_k$ 均为 $N \times N$ 阶参数矩阵，$u_t \sim IID(0, \Omega)$ 是 $N \times 1$ 阶随机误差列向量，其中每一个元素都是非自相关的，且参数的估计量具有一致性。

本书根据范晓莉（2012）的研究方法，首先，采用单位根检验的方法来检验时间序列的平稳性，以防出现虚假回归的问题；其次，分别在货物集聚型、航运服务型和全要素集聚型国际航运中心的情况下对相应的发展水平和影响因素时间序列进行协整分析，以检验发展水平和各影响因素之间是否存在长期的均衡关系；再次，建立不同类型国际航运中心发展水平的误差修正模型，原因在于误差修正模型能把解释国际航运中心发展水平影响变量的长期和短期分离开来，并将长期均衡机制显示出来，这也是揭示国际航运中心演进过程中发展水平、影响因素及其动态变化实证分析的有效途径；最后，在 VAR 模型估计的基础上，运用广义的脉冲响应函数和预测方差分解技术对所得结论进行论证及补充，以便更准确地揭示国际航运中心演进过程中的各种影响因素对其发展水平的动态调节。

（二）平稳性检验

由于 VAR 模型要求系统中的变量具有平稳性，以避免因经济变量的不平稳而产生虚假回归的问题，因此本书采用单位根检验来判断时间序列的平稳性。通过 ADF（Augmented Dickey-Fuller）检验方法进行检验，结果如表 4.4 所示。

表 4.4　单位根检验结果

指标	变量	检验形成（C、T、K）	ADF 统计量	临界值	结论
国际航运中心发展水平指标	mtop	（C、N、1）	1.033**	−2.930	不平稳
	Δmtop	（C、N、0）	−12.559*	−3.589	平稳
	ttop	（C、T、4）	−3.040**	−3.523	不平稳
	Δttop	（N、N、3）	−2.688*	−2.623	平稳
	jtop	（C、N、1）	1.277**	−2.930	不平稳
	Δjtop	（C、N、0）	−13.972*	−3.589	平稳
	jgdp	（C、N、4）	−2.050**	−2.935	不平稳
	Δjgdp	（N、N、3）	−2.196**	−1.949	平稳
	ftop	（C、N、1）	1.482**	−2.930	不平稳
	Δftop	（C、N、0）	−12.708*	−3.589	平稳
	fgdp	（C、N、1）	−1.668**	−2.930	不平稳
	Δfgdp	（C、N、0）	−10.03*	−3.589	平稳
国际航运中心演进影响因素指标	gdp	（C、N、4）	−1.801**	−2.935	不平稳
	Δgdp	（C、T、8）	−3.31***	−3.202	平稳
	hum	（C、N、1）	0.198**	−2.930	不平稳
	Δhum	（C、N、0）	−9.326*	−3.589	平稳
	infor	（C、N、0）	−3.299**	−3.513	不平稳
	Δinfor	（C、N、0）	−5.524*	−3.516	平稳
	jem	（C、N、1）	−0.141**	−2.928	不平稳
	Δjem	（C、N、0）	−6.967*	−3.589	平稳
	zem	（C、N、0）	0.391**	−2.928	不平稳
	Δzem	（C、N、0）	−8.275*	−3.589	平稳
	tax	（C、T、3）	−2.828**	−3.521	不平稳
	Δtax	（C、T、2）	−15.534*	−4.192	平稳
	trade	（C、N、3）	−1.694**	−2.933	不平稳
	Δtrade	（C、N、3）	−3.749*	−3.601	平稳
	traft	（C、N、5）	−0.334**	−2.937	不平稳
	Δtraft	（C、N、4）	−3.632*	−3.606	平稳
	yem	（C、N、0）	−2.215**	−2.928	不平稳
	Δyem	（C、N、0）	−8.422*	−3.589	平稳

注：（C、T、K）分别代表所设定的检验方程式中含有截距、时间趋势及滞后阶数，N 表示不含 C 或 T；滞后期的选择以施瓦茨信息准则（SC）为依据；统计量一栏中*、**、***分别表示在 1%、5%、10%的水平上显著，△表示一阶差分。

表 4.4 中，对时间序列 mtop、ttop、jtop、jgdp、ftop、fgdp、gdp、hum、infor、jem、zem、tax、trade、traf、yem 在 1%、5%、10%的显著性水平下都是非平稳时间序列，而经一阶差分后，再进行 ADF 检验，上述时间序列的一阶差分都为平稳序列，也就是说上述时间序列都是一阶单整过程。因此，在 ADF 检验的基础上，运用基于 VAR 模型的协整检验和误差修正模型来解释各变量之间的长期均衡和短期动态关系。

第二节 货物集聚型国际航运中心演进影响因素的实证检验

如前所述，货物集聚型国际航运中心是在具备相对较好的地理位置和货源条件下，基于满足基本的航运需求与供给的条件下形成的。在这种条件下，港口的发达程度、配套的基础设施及拥有腹地的经济实力是影响货物集聚型国际航运中心发展的重要因素。

一、协整关系检验

货物集聚型国际航运中心的发展水平可以分别用航运中心的进出口贸易类企业机构数量（mtop）和港口货柜吞吐量（ttop）来衡量，而国际航运中心演进影响因素主要包括腹地经济实力（gdp）、人力资本水平（hum）、信息基础设施水平（infor）、宏观税率水平（tax）、贸易比率（trade）、交通基础设施水平（traf）、制造业集聚度（zem）、物流业集聚度（yem）等因素。

由平稳性检验可知，取完自然对数后的时间序列 mtop、ttop、gdp、hum、infor、tax、trade、traf、zem 和 yem 的原序列为非平稳的，因此不能用 OLS 进行参数估计，但上述时间序列均为一阶单整过程，可采用协整检验的方法。下面，本书采用 Johansen 最大似然法来分析各个变量之间的协整关系。

第一种情况，以进出口贸易类企业机构数量比重作为货物集聚型国际航运中心发展水平代表变量的协整检验结果。

如表 4.5 所示，根据 LR、FPE、AIC 和 HQ 准则，确定 VAR 模型的最大滞后阶数为 3 阶，那么设定 Johansen 检验的滞后期为 2。选择由 mtop 和 gdp、hum、infor、tax、trade、traf、zem、yem 构成的列向量有确定线性趋势，但协整方程只有截距的形式进行检验，Johansen 多元协整检验的结果如表

4.6 所示，表中 r 表示协整关系的个数，在 5%的显著性水平下拒绝 r≤7 的假设，即各变量之间存在 8 个协整关系。

表 4.5　滞后阶数的确定

最大滞后阶数	LR	FPE	AIC	HQ
0	NA	2.66e-22	-24.39	-24.26
1	600.84	1.19e-28	-38.83	-37.47
2	145.74	1.98e-29	-41.14	-38.55
3	120.10*	1.54e-30*	-45.38*	-41.57*

资料来源：作者研究整理。

注：*表示可选的滞后阶数。

表 4.6　Johansen 协整检验结果

协整秩 H_0	特征值	迹统计量	5%的统计量	P 值
r≤0*	0.947	413.12	197.37	0.000
r≤1*	0.876	304.97	159.53	0.000
r≤2*	0.832	215.38	125.62	0.000
r≤3*	0.644	133.55	95.75	0.000
r≤4*	0.577	94.10	69.82	0.000
r≤5*	0.416	57.12	47.86	0.005
r≤6*	0.346	33.97	29.80	0.016
r≤7*	0.293	15.72	15.49	0.046
r≤8	0.019	0.82	3.84	0.364

资料来源：作者研究整理。

注：根据 LR、FPE、AIC 和 HQ 准则确定协整检验的滞后阶数为 2。

对第一个协整向量的正则化得到 $\hat{\beta}_1 = (1, 0.01, -0.54, 0.34, -0.01, -0.55, 0.76, -0.56, 1.58)$，其对应的协整关系见（4.2）式。

$$mtop_t = -0.01gdp_t + 0.54hum_t - 0.34infor_t + 0.01tax_t$$
$$+ 0.55trade_t - 0.76traf_t + 0.56zem_t - 1.58yem_t \qquad (4.2)$$

$$[-0.19] \qquad [4.85]^* \qquad [-10.23]^* \qquad [0.55]$$

$$[12.76]^* \qquad [-9.58]^* \qquad [9.67]^* \qquad [-7.81]^*$$

方括号中的数值表示各系数的 t 统计量值，可以看出除了 gdp 和 tax 两个变量之外，其余变量的所有系数都通过显著性为 5%的 t 检验进入协整方程。

协整方程表明在长期均衡关系中，以进出口贸易类企业机构数量比重代表的国际航运中心发展水平与腹地综合实力、人力资本水平、信息基础设施水平、宏观税率、贸易比率、交通基础设施水平、制造业集聚度和物流业集聚度之间存在稳定关系。具体而言，人力资本水平每增长 1% 会引起货物集聚型国际航运中心发展水平提高 0.54%；贸易比率每增长 1% 会引起货物集聚型国际航运中心发展水平提高 0.55%，这也说明贸易额度越高，国际航运中心的发展速度越快；然而，从长期来看信息基础设施水平和交通基础设施水平对货物集聚型国际航运中心的发展起到了负向作用，信息基础设施水平每提高 1% 也会引起 0.34% 的发展水平的降低，而交通基础设施水平每提高 1% 则会引起 0.76% 的发展水平的降低；此外，企业异质性对货物集聚型国际航运中心长期发展的贡献较大，其中最为显著的是低生产率企业的贡献，制造业集聚对货物集聚型国际航运中心发展水平的正向效应为 0.56，而高生产率企业贡献的影响力度表现为反方向，对发展水平的负向效应为 1.58。

第二种情况，以港口货柜吞吐量作为货物集聚型国际航运中心发展水平代表变量的协整检验结果。

如表 4.7 所示，根据 LR、FPE、AIC、SC 和 HQ 准则，确定 VAR 模型的最大滞后阶数为 3 阶，那么设定 Johansen 检验的滞后期为 2。选择由 ttop 和 gdp、hum、infor、tax、trade、traf、zem、yem 构成的列向量有确定线性趋势，但协整方程只有截距的形式进行检验，Johansen 多元协整检验的结果如表 4.8 所示，在 5% 的显著性水平下拒绝 r≤7 的假设，即各变量之间存在 8 个协整关系。对第一个协整向量的正则化得到 $\hat{\beta}_2$＝（1，−0.69，1.20，0.23，0.15，−1.06，0.51，0.14，1.35），其对应的协整关系见（4.3）式。

$$ttop_t = 0.69gdp_t - 1.20hum_t - 0.23infor_t - 0.15tax_t$$
$$+1.06trade_t - 0.51traf_t - 0.14zem_t - 1.35yem_t \qquad (4.3)$$

$$[10.59]^* \quad [-6.42]^* \quad [-4.68]^* \quad [-6.23]^*$$
$$[14.67]^* \quad [-3.55]^* \quad [-1.47] \quad [-4.03]^*$$

方括号中的数值表示各系数的 t 统计量值，大部分变量的系数通过了显著性为 5% 的 t 检验进入协整方程。协整方程表明在长期均衡关系中，以港口货柜吞吐量代表的国际航运中心发展水平与腹地综合实力、人力资本水平、信息基础设施水平、宏观税率、贸易比率、交通基础设施水平、制造业集聚度和物流业集聚度之间存在稳定关系。具体而言，腹地的综合实力每增长 1%会引起货物集聚型国际航运中心发展水平提高 0.69%；贸易比率每增长 1%会引起货物集聚型国际航运中心发展水平提高 1.06%；与之前分析的类似，从长期来看信息基础设施水平和交通基础设施水平对以港口货柜吞吐量为代表的货物集聚型国际航运中心的发展起到了负向作用，两者每提高 1%分别会引起 0.23%和 0.51%的发展水平的下降；同时，这种情况下宏观税率水平每提高 1%会导致发展水平下降 0.15%，这也是对前述分析的有效补充；此外，在这种条件下企业异质性对货物集聚型国际航运中心长期发展的贡献有所差异，其中低生产率企业的贡献明显降低，制造业集聚对货物集聚型国际航运中心发展水平的影响力度较弱，而高生产率企业贡献的影响力度表现仍为反方向，对发展水平的负向效应为 1.35。

表 4.7　滞后阶数的确定

最大滞后阶数	LR	FPE	AIC	SC	HQ
0	NA	1.58e-21	-22.36	-21.99	-22.22
1	588.75	1.32e-27	-36.43	-32.75	-35.07
2	138.60	2.94e-28	-38.44	-31.44	-35.86
3	128.60*	1.30e-29*	-43.25*	-32.92*	-39.44*

资料来源：作者研究整理。

注：*表示可选的滞后阶数。

表 4.8　Johansen 协整检验结果

协整秩 H_0	特征值	迹统计量	5%的统计量	P 值
r≤0*	0.954	453.82	197.37	0.000
r≤1*	0.890	321.86	159.53	0.000
r≤2*	0.824	227.07	125.62	0.000
r≤3*	0.683	152.33	95.75	0.000
r≤4*	0.616	102.93	69.82	0.000
r≤5*	0.436	61.74	47.86	0.002
r≤6*	0.362	37.09	29.80	0.006
r≤7*	0.296	17.74	15.49	0.023
r≤8	0.060	2.65	3.84	0.103

资料来源：作者研究整理。

注：根据 LR、FPE、AIC、SC 和 HQ 准则确定协整检验的滞后阶数为 2。

二、误差修正模型的估计

通过协整关系检验可以发现，变量货物集聚型国际航运中心发展水平（ttop）和（mtop）与腹地综合实力（gdp）、人力资本水平（hum）、信息基础设施水平（infor）、宏观税率水平（tax）、贸易比率（trade）、交通基础设施水平（traf）、制造业集聚度（zem）、物流业集聚度（yem）等因素之间存在长期均衡关系。因此，在上述协整关系检验的基础上进一步建立货物集聚型国际航运中心的误差修正模型，研究各演进影响因素与发展水平变量之间的短期动态关系。

第一种情况，以进出口贸易类企业机构数量比重作为货物集聚型国际航运中心发展水平代表变量的误差修正模型的估计结果。

下面建立以进出口贸易类企业机构数量比重为代表的货物集聚型国际航运中心发展水平的误差修正模型，来反映短期偏离长期均衡的修正机制，检验统计量显示模型拟合效果较好，具体结果如（4.4）式所示。

$$\Delta mtop_t = 0.21ecm_{t-1} - 0.56\Delta mtop_{t-1} - 0.50\Delta mtop_{t-2} + 0.05\Delta gdp_{t-1} \quad (4.4)$$
$$-0.02\Delta gdp_{t-2} + 0.21\Delta hum_{t-1} + 0.30\Delta hum_{t-2}$$

$$[3.13]^* \qquad [-1.95] \qquad [-2.43]^* \qquad [0.66]$$
$$[-0.15] \qquad [1.05] \qquad [1.79]$$

$$+0.40\Delta infor_{t-1} - 0.16\Delta infor_{t-2} + 0.002\Delta tax_{t-1} + 0.006\Delta tax_{t-2}$$
$$+0.025\Delta trade_{t-1} + 0.062\Delta trade_{t-2} - 0.04\Delta traf_{t-1}$$

$$[2.89]^* \qquad [-1.62] \qquad [0.56] \qquad [1.30]$$
$$[0.59] \qquad [1.57] \qquad [-0.56]$$

$$-0.08\Delta traf_{t-2} + 0.16\Delta zem_{t-1} + 0.07\Delta zem_{t-2}$$
$$+0.04\Delta yem_{t-1} - 0.24\Delta yem_{t-2} - 0.02$$

$$[-1.62] \qquad [1.82] \qquad [0.86]$$
$$[0.17] \qquad [-1.20] \qquad [-3.26]^*$$

$$ecm_{t-1} = mtop_{t-1} + 0.01gdp_{t-1} - 0.54hum_{t-1}$$
$$+0.34infor_{t-1} - 0.01tax_{t-1} - 0.55trade_{t-1} + 0.76traf_{t-1} \quad （4.5）$$
$$-0.56zem_{t-1} + 1.58yem_{t-1} - 11.78$$

其中，误差修正项为 ecm_{t-1}，误差修正系数为 0.21，显著为正，说明了货物集聚型国际航运中心发展水平增长率的误差修正项具有正向的修正机制，也说明发展水平增长率对长期均衡的偏离会对短期的发展水平增长率波动产生显著的正向影响，并且调整速度较快。

从误差修正模型（ECM）来看，短期内腹地综合实力、宏观税率水平及高生产率企业贡献（物流企业集聚度）的增长不会对货物集聚型国际航运中心发展水平增长率产生显著的影响。滞后一期及二期的发展水平增长率对于自身增长率具有负向作用，相关系数分别为-0.56和-0.50，说明货物集聚型国际航运中心发展水平增长率存在潜在下降的趋势。模型还显示，滞后一期的低生产率企业贡献（制造企业集聚度）的增长对发展水平增长率短期内影响较大，短期正向效应系数为 0.16。而滞后二期的人力资本增长率、贸易比率增长率及交通基础设施水平的增长率对货物集聚型国际航运中心的发展水平的影响也与长期稳定效应一致，短期效应系数为 0.30、0.062 和-0.08。与长期效应不同，短期内信息基础设施水平的提高对货物集聚型国际航运中心发展水平起到了显著的正向效应作用，短期效应系数为0.40。

第二种情况，以港口货柜吞吐量作为货物集聚型国际航运中心发展水平代表变量的误差修正模型的估计结果。

类似地，同样为了弥补长期静态模型的不足，下面建立以港口货柜吞吐量为代表的货物集聚型国际航运中心发展水平的误差修正模型，来反映短期偏离长期均衡的修正机制。检验统计量显示模型拟合效果较好，具体结果如（4.6）式所示。

$$\Delta ttop_t = 0.05ecm_{t-1} - 0.75\Delta mtop_{t-1} - 0.06\Delta mtop_{t-2} - 0.77\Delta gdp_{t-1} \quad (4.6)$$
$$+1.28\Delta gdp_{t-2} + 0.51\Delta hum_{t-1} + 0.70\Delta hum_{t-2}$$

$$[0.22] \quad\quad [-1.69] \quad\quad [-0.15] \quad\quad [-1.79]$$
$$[2.25]^* \quad\quad [0.47] \quad\quad [0.75]$$

$$-0.59\Delta infor_{t-1} + 0.80\Delta infor_{t-2} - 0.04\Delta tax_{t-1} + 0.01\Delta tax_{t-2}$$
$$-0.05\Delta trade_{t-1} + 0.01\Delta trade_{t-2} + 1.34\Delta traf_{t-1}$$

$$[-1.56] \quad\quad [1.81] \quad\quad [-1.22] \quad\quad [0.54]$$
$$[-0.26] \quad\quad [0.06] \quad\quad [2.70]^*$$

$$-0.48\Delta traf_{t-2} - 0.20\Delta zem_{t-1} + 0.47\Delta zem_{t-2}$$
$$-0.19\Delta yem_{t-1} + 1.23\Delta yem_{t-2} - 0.003$$

$$[-1.26] \qquad\quad [-0.39] \qquad\quad [1.03]$$

$$[-0.17] \qquad\quad [1.12] \qquad\quad [-0.12]$$

$$ecm_{t-1} = ttop_{t-1} - 0.69gdp_{t-1} + 1.20hum_{t-1} + 0.23infor_{t-1}$$
$$+0.15tax_{t-1} - 1.06trade_{t-1} + 0.51traf_{t-1} \qquad\qquad (4.7)$$
$$+0.14zem_{t-1} + 1.35yem_{t-1} - 24.81$$

其中，误差修正项为 ecm_{t-1}，误差修正系数为 0.05，说明了以港口货柜吞吐量为代表货物集聚型国际航运中心发展水平增长率的误差修正项同样具有正向的修正机制，但这种条件下的调整速度稍慢。

从误差修正模型（ECM）来看，短期内企业异质性因素、宏观税率水平及贸易比率的增长不会对货物集聚型国际航运中心发展水平增长率产生显著的影响。滞后二期的腹地综合实力增长率及滞后一期的交通基础设施水平增长率对于国际航运中心发展水平的增长率具有正向作用，相关系数分别为 1.28 和 1.34。此外，滞后二期的信息基础设施水平的增长对发展水平增长率短期内起到了较弱的正向影响力度，且与长期稳定效应一致，短期正向效应系数为 0.80。与长期效应不同，短期内制造业集聚度和物流业集聚度的提高对货物集聚型国际航运中心发展水平起到了稍弱的正向效应作用，短期效应系数分别为 0.47 和 1.12。

三、脉冲响应与方差分解

（一）脉冲响应函数分析

一般来说，脉冲响应函数主要描述的是在扰动项上加一个标准差大小的新息冲击对向量自回归模型中内生变量的当期值和未来值所带来的影响（郝寿义和范晓莉，2012）。因此，为了进一步研究国际航运中心发展水平与演进影响因素之间的动态关系，下面以向量自回归模型为基础，建立各演进影响因素对货物集聚型国际航运中心发展水平的冲击响应函数模型。图 4.1 和图 4.2 为基于向量自回归模型的各影响因素对国际航运中心发展水平的脉冲响应函数曲线。

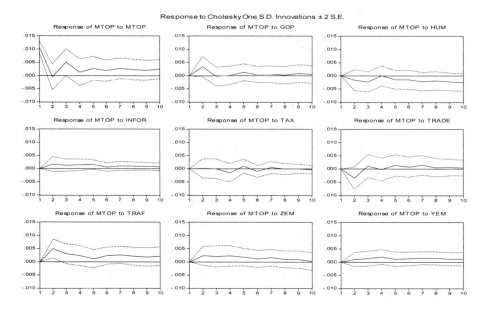

图 4.1　货物集聚型国际航运中心发展水平受到一个标准差冲击的响应情况（一）

资料来源：作者研究整理。

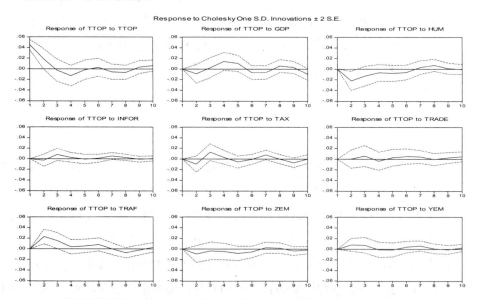

图 4.2　货物集聚型国际航运中心发展水平受到一个标准差冲击的响应情况（二）

资料来源：作者研究整理。

第一种情况，以进出口贸易类企业机构数量比重作为货物集聚型国际航运中心发展水平代表变量的脉冲响应函数的估计结果。

脉冲响应函数的结果表明，对于来自自身的冲击，冲击响应在第 1 期时表现最大，并逐步开始下降，在第 2 期出现负的最大值后逐渐上升至第 3 期后又开始下降，在第 8 期之前均处于一种波动的状态，总体的冲击响应显著为正。这说明国际航运中心发展水平对自身标准差的随机信息冲击的响应较强，且具有一定的持续性；对于来自 gdp 的冲击，在前 3 期显著为正，并呈现倒 V 字形的变化态势，直到第 3 期接近为零，从第 5 期以后呈现较弱的正向效应；对于来自 hum 的一个标准差的冲击响应一直为负的，在前 4 期呈现 V 字形的变化趋势，从第 5 期开始逐渐呈现负向增长；对于来自 infor 的一个标准差的冲击响应一直为正的，从第 1 期开始逐渐上升，直到第 2 期达到正向最大值后，此后呈现出平缓的正向影响趋势；而对于来自 trade 的一个标准差的冲击在前 2 期呈现负向效应的影响，而从第 3 期开始呈现波动的正向效应影响，从第 8 期开始趋于平衡的稳定状态；对于来自 traf 的一个标准差的冲击响应一直为正的，从第 1 期开始逐渐上升，直到第 2 期达到最大值后缓慢下降至第 5 期，此后出现缓慢上升并趋于平衡的稳定状态；对于来自企业异质性影响因素的一个标准差的冲击一直为正的，在前 5 期低生产率的制造企业贡献的影响力度较大，从第 6 期开始高生产率的物流企业贡献的影响力度要高于生产率企业贡献的冲击力度。

第二种情况，以港口货柜吞吐量作为货物集聚型国际航运中心发展水平代表变量的脉冲响应函数的估计结果。

脉冲响应函数的结果表明，对于来自自身的冲击，正向冲击响应在第 1 期时表现最大，并逐步开始下降至第 3 期，从第 3 期开始转为先负向再正向的交替冲击，且冲击力度逐步减弱；对于来自 gdp 和 tax 的冲击，从第 1 期开始表现为负向效应，此后呈现先负向再正向的交替冲击；对于来自 hum 的一个标准差的冲击响应在前 7 期内一直为负的，并呈现先上升后下降的趋势，从第 7 期开始转为正向冲击直至第 8 期达到最大，此后逐步降低并趋近于零；对于来自 infor 的一个标准差的冲击响应在初期呈现为负向效应，从第 1 期开始逐渐上升，直到第 2 期达到负向冲击最大值后逐渐降低并转为正向冲击，直至第 3 期达到峰值，此后呈现出波动的正向影响趋势；而对于来自 trade 的一个标准差的冲击从第 2 期开始呈现正向效应的影响，除了第 4 期出现微弱负向效应影响外，其余时期均呈现小幅波动的正向效应影响；对于来自 traf 的一个标准差的冲击响应前 7 期一直为正的，从第 1 期开始逐渐上升，直到第 2 期达到最大值后缓慢下降至第 4 期，此后出现缓慢上升至第 6 期后又呈现出下降趋势，直到第 7 期冲击为零，此后转为负向冲击；对于来自企业异质性影响因素的一个标准差的冲击来说，来自 zem 的冲击在短期内呈现负向影响，从第 7 期开始转为微弱的正向冲击，而来自 yem 的冲击均呈现周期波动的正向影响。

综上所述，在短期内货物集聚型国际航运中心发展水平除了受自身的较大影响外，交通基础设施水平的提高对国际航运中心发展水平带来较大的正向冲击效应，即短期内加快交通基础设施建设有利于货物集聚型国际航运中心的发展。而信息基础设施水平因素对货物集聚型国际航运中心发展的影响力度稍弱，但长期内仍呈现小幅波动的正向影响，在一定程度上信息基础设施水平的提高也有利于加快国际航运中心的发展，这一结论对误差修正模型的结论进行了补充；另一值得注意的是，贸易比率的影响力度在短期来看虽然为负向效应，但长期内发展贸易比率的提高有利于促进国际航运中心的快速发展，这与协整关系检验和误差修正模型的结论基本一致。此外，物流业集聚度的提高无论在短期还是长期都利于货物集聚型国际航运中心发展水平的提高。

（二）预测方差分解分析

为了更为准确地描述系统动态性和得出随机信息的相对重要性信息，下面在向量自回归模型的基础上对国际航运中心发展水平指标的预测均方误差进行分解。综合两种情况来看，短期内除了发展水平自身影响因素外，交通基础设施水平对货物集聚型国际航运中心发展水平影响的解释力度最大，腹地综合实力和制造业集聚度的影响力度次之。长期而言，腹地综合实力、人力资本水平及交通基础设施是影响货物集聚型国际航运中心发展的最重要的因素，同时物流业集聚度的影响力度逐步显现。这与误差修正模型和脉冲响应函数分析结论基本一致。

第三节　航运服务型国际航运中心演进影响因素的实证检验

航运服务型国际航运中心是在货物集聚型国际航运中心较为成熟的基础上基于各种航运服务要素的集聚而形成的，是国际航运服务要素资源的配置中心。在这种条件下，发达的航运市场、完善的服务体系、充足的物流及集疏运体系是影响航运服务型国际航运中心发展的重要因素。

一. 协整关系检验

航运服务型国际航运中心的发展水平可以分别用航运中心所在地区的高端航运服务机构数量比重（jtop）和高端航运服务业部门产值比重（jgdp）来衡量，而国际航运中心演进影响因素主要包括腹地综合实力（gdp）、人力资本水平（hum）、信息基础设施水平（infor）、宏观税率水平（tax）、贸易比率（trade）、交通基础设施水平（traf）、服务业集聚度（jem）、物流业集聚度（yem）等因素。

根据平稳性检验，取完自然对数后的时间序列 jtop、jgdp、gdp、hum、infor、tax、trade、traf、jem 和 yem 的原序列为非平稳的，因此不能用 OLS 进行参数估计，但上述时间序列均为一阶单整过程，可采用协整检验的方法。下面采用 Johansen 最大似然法来分析各个变量之间的协整关系。

第一种情况，以高端航运服务机构数量比重作为航运服务型国际航运中心发展水平代表变量的协整检验结果。

如表 4.9 所示，根据 LR、FPE、AIC 和 HQ 准则，确定 VAR 模型的最大滞后阶数为 3 阶，那么设定 Johansen 检验的滞后期为 2。选择由 jtop 和 infor、tax、trade、traf、jem、yem 构成的列向量有确定线性趋势，但协整方程只有截距的形式进行检验，Johansen 多元协整检验的结果如表 4.10 所示，在 5%的显著性水平下拒绝 $r \leqslant 3$ 的假设，即各变量之间存在 4 个协整关系。对第一个协整向量的正则化得到 $\hat{\beta}_3 = （1，-0.45，-0.36，1.15，0.06，-0.80，-0.83）$，其对应的协整关系见（4.8）式。

$$jtop_t = 0.45infor_t + 0.36jem_t - 1.15yem_t - 0.06tax_t + 0.80trade_t + 0.83traf_t \tag{4.8}$$

$[7.13]^*$ $[2.96]^*$ $[-3.19]^*$ $[-2.31]^*$

$[11.59]^*$ $[8.26]^*$

协整方程表明在长期均衡关系中，以高端航运服务企业机构数量比重代表的国际航运中心发展水平与信息基础设施水平、宏观税率、贸易比率、交通基础设施水平、服务业集聚度和物流业集聚度之间存在稳定关系。而腹地综合实力和人力资本水平对高端航运服务企业机构数量比重的影响不具有显著性，此处暂不考虑这两种因素的影响。

表 4.9　滞后阶数的确定

最大滞后阶数	LR	FPE	AIC	HQ
0	NA	2.58e-16	−16.03	−15.92
1	419.62	1.89e-21	−27.88	−27.04
2	116.51	3.46e-22	−29.76	−28.18
3	71.57^*	$1.91e-22^*$	-30.89^*	-28.57^*

资料来源：作者研究整理。

注：*表示可选的滞后阶数。

表 4.10　Johansen 协整检验结果

协整秩 H_0	特征值	迹统计量	5%的统计量	P 值
$r \leqslant 0^*$	0.794	207.03	125.62	0.0000
$r \leqslant 1^*$	0.705	139.17	95.75	0.0000
$r \leqslant 2^*$	0.555	86.64	69.82	0.0013
$r \leqslant 3^*$	0.506	51.78	47.86	0.0204
$r \leqslant 4$	0.235	21.45	29.80	0.3303

资料来源：作者研究整理。

注：根据 LR、FPE、AIC 和 HQ 准则确定协整检验的滞后阶数为 2。

具体而言，信息基础设施水平每增长 1% 会引起航运服务型国际航运中心发展水平提高 0.45%；贸易比率每增长 1% 会引起航运服务型国际航运中心发展水平提高 0.80%；同样，从长期来看交通基础设施水平对航运服务型国际航运中心的发展也起到了正向作用，交通基础设施水平每提高 1% 则会引起 0.83% 的发展水平的提升；而宏观税率水平从长期来看不利于航运服务型国际航运中心的发展，负向影响效应系数为-0.06；此外，企业异质性对航运服务型国际航运中心长期发展的贡献也较大，其中长期内相对低生产率物流型企业对航运服务型国际航运中心发展水平起到了负向作用，负向效应系数为-0.56，而相对高生产率服务型企业贡献的影响力度表现为正方向，对发展水平的正向效应系数为 0.36。

第二种情况，以高端航运服务业部门产值比重作为航运服务型国际航运中心发展水平代表变量的协整检验结果。

如表 4.11 所示，根据 LR、FPE、AIC 和 HQ 准则，确定 VAR 模型的最大滞后阶数为 3 阶，那么设定 Johansen 检验的滞后期为 2。选择由 jgdp 和 gdp、hum、infor、tax、trade、traf、jem、yem 构成的列向量有确定线性趋势，但协整方程只有截距的形式进行检验，Johansen 多元协整检验的结果如表 4.12 所示，在 5% 的显著性水平下拒绝 $r \leq 7$ 的假设，即各变量之间存在 8 个协整关系。对第一个协整向量的正则化得到 $\hat{\beta}_4$ =（1，-1.14，-1.11，-0.95，1.64，-2.56，-0.43，2.12，-1.96），其对应的协整关系见（4.9）式。

$$jgdp_t = 1.14gdp_t + 1.11hum_t + 0.95infor_t - 1.64jem_t \qquad (4.9)$$
$$+ 2.65yem_t + 0.43tax_t - 2.12trade_t + 1.96traf_t$$

$$[4.37]^* \qquad [3.98]^* \qquad [7.35]^* \qquad [-3.45]^*$$
$$[4.65]^* \qquad [9.71]^* \qquad [-17.37]^* \qquad [7.41]^*$$

表 4.11　滞后阶数的确定

最大滞后阶数	LR	FPE	AIC	HQ
0	NA	2.93e-21	-21.74	-21.60
1	635.65	5.91e-28	-37.23	-35.87
2	139.38	1.28e-28	-39.27	-36.69
3	118.23*	1.12e-29*	-43.39*	-39.58*

资料来源：作者研究整理。

注：*表示可选的滞后阶数。

表 4.12　Johansen 协整检验结果

协整秩 H_0	特征值	迹统计量	5%的统计量	P 值
$r \leqslant 0^*$	0.949	445.55	197.37	0.0000
$r \leqslant 1^*$	0.863	317.61	159.53	0.0000
$r \leqslant 2^*$	0.745	232.01	125.62	0.0000
$r \leqslant 3^*$	0.676	173.22	95.75	0.0000
$r \leqslant 4^*$	0.558	124.76	69.82	0.0000
$r \leqslant 5^*$	0.524	89.61	47.86	0.0000
$r \leqslant 6^*$	0.457	57.72	29.80	0.0000
$r \leqslant 7^*$	0.345	31.43	15.49	0.0001
$r \leqslant 8$	0.265	13.25	3.84	0.0003

资料来源：作者研究整理。

注：根据 LR、FPE、AIC 和 HQ 准则确定协整检验的滞后阶数为 2。

　　如（4.9）式所示，方括号中的数值表示各系数的 t 统计量值，变量的全部系数通过了显著性为 5%的 t 检验进入协整方程。协整方程表明在长期均衡关系中，以高端航运服务业部门产值比重为代表的国际航运中心发展水平与腹地综合实力、人力资本水平、信息基础设施水平、宏观税率、贸易比率、交通基础设施水平、服务业集聚度和物流业集聚度之间存在稳定关系。具体而言，腹地的经济实力每增长 1% 会引起航运服务型国际航运中心发展水平提高 1.14%；人力资本水平每增长 1% 会引起航运服务型国际航运中心发展水平提高 1.11%；与第一种情况结果相同，信息基础设施水平和交通基础设施水平从长期来看对航运服务型国际航运中心的发展起到了正向作用，两者每提高 1% 分别会引起 0.95% 和 1.96% 的发展水平的上升；与之前分析的不同，这种情况下宏观税率水平每提高 1% 会导致发展水平上升 0.43%；此外，在这种条件下企业异质性对航运服务型国际航运中心长期发展的贡献有所差异，其中物流企业集聚对航运服务型国际航运中心发展水平的影响力度较强且起到了正向作用，效应系数为 2.65，而服务企业集聚贡献的影响力度表现为反向作用，对发展水平的负向效应为-1.64。

二、误差修正模型的估计

　　基于协整关系检验可知，变量航运服务型国际航运中心发展水平（jtop）和（jgdp）与腹地综合实力（gdp）、人力资本水平（hum）、信息基础设施水平（infor）、宏观税率水平（tax）、贸易比率（trade）、交通基础设施水平（traf）、服务业集聚度（jem）、物流业集聚度（yem）等因素之间存在长期均衡关系。因此，在上述协整关系检验的基础上进一步建立航运服务型国际航运中心的误差修正模型，研究各演进影响因素与发展水平变量之间的短期动态关系。

第一种情况，以高端航运服务机构数量比重作为航运服务型国际航运中心发展水平代表变量的误差修正模型结果。

为弥补长期静态模型的不足，下面建立以高端航运服务机构数量比重为代表的航运服务型国际航运中心发展水平的误差修正模型，来反映短期偏离长期均衡的修正机制。检验统计量显示模型拟合效果较好，具体结果如（4.10）式所示。

$$\Delta jtop_t = -0.05ecm_{t-1} - 0.67\Delta jtop_{t-1} - 0.19\Delta jtop_{t-2} - 0.01\Delta infor_{t-1} \quad (4.10)$$
$$- 0.18\Delta infor_{t-2} - 0.006\Delta tax_{t-1} - 0.009\Delta tax_{t-2}$$

$$[-0.44] \qquad [-3.06]^* \qquad [-0.90] \qquad [-0.05]$$
$$[-1.06] \qquad [-0.52] \qquad [-1.01]$$

$$-0.37\Delta jem_{t-1} - 0.07\Delta jem_{t-2} + 0.27\Delta yem_{t-1} - 0.15\Delta yem_{t-2}$$
$$+0.02\Delta trade_{t-1} - 0.01\Delta trade_{t-2}$$
$$-0.02\Delta traf_{t-1} + 0.05\Delta traf_{t-2} + 0.02$$

$$[-1.08] \qquad [-0.19] \qquad [0.85] \qquad [-0.48]$$
$$[0.27] \qquad [-0.20] \qquad [-0.17] \qquad [0.93] \qquad [2.79]$$

$$ecm_{t-1} = jtop_{t-1} - 0.45infor_{t-1} + 0.06tax_{t-1} - 0.36jem_{t-1}$$
$$+1.15yem_{t-1} - 0.80trade_{t-1} + 0.83traf_{t-1} - 17.34$$

$$(4.11)$$

其中，误差修正项为 ecm_{t-1}，误差修正系数为-0.05，说明了航运服务型国际航运中心发展水平增长率的误差修正项具有负向的修正机制，即发展水平增长率对长期均衡的偏离会对短期的发展水平增长率波动产生负向影响，但调整速度较慢。

从误差修正模型（ECM）来看，短期内航运服务型国际航运中心发展水平除了受自身增长率显著影响外，滞后一期及二期的信息基础设施水平和宏观税率水平增长率对于发展水平增长率具有负向作用。而滞后一期贸易比率的增长对发展水平增长率短期内起到正向影响，短期正向效应系数为 0.02。而滞后二期的交通基础设施水平的增长率对发展水平的增长影响是正的，短期效应系数为 0.05。与长期效应不同，短期内服务业集聚度的提高对航运中心发展水平起到了较弱的负向效应作用，而滞后一期的物流业集聚度的提高则对航运中心发展起到了正向效应作用。

第二种情况，以高端航运服务业部门产值比重作为航运服务型国际航运中心发展水平代表变量的误差修正模型结果。

类似地，下面建立以高端航运服务业部门产值比重为代表的航运服务型国际航运中心发展水平的误差修正模型，来反映短期偏离长期均衡的修正机制。检验统计量显示模型拟合效果较好，具体结果如（4.12）式所示。

$$\Delta jgdp_t = -0.28ecm_{t-1} - 0.04\Delta jgdp_{t-1} + 0.02\Delta jgdp_{t-2} - 0.27\Delta gdp_{t-1}$$
$$- 0.16\Delta gdp_{t-2} + 1.98\Delta hum_{t-1} - 0.17\Delta hum_{t-2} \quad （4.12）$$

$$[-2.14]^* \qquad [-0.20] \qquad [0.13] \qquad [-0.49]$$

$$[-0.25] \qquad [1.60] \qquad [-0.17]$$

$$+0.21\Delta infor_{t-1} + 0.28\Delta infor_{t-2} - 0.04\Delta jem_{t-1} + 3.72\Delta jem_{t-2}$$
$$-0.14\Delta tax_{t-1} - 0.06\Delta tax_{t-2} + 0.11\Delta trade_{t-1}$$

$$[0.40] \qquad [0.48] \qquad [-0.03] \qquad [2.62]^*$$

$$[-2.28]^* \qquad [1.44] \qquad [0.62]$$

$$+0.25\Delta trade_{t-2} - 0.90\Delta traf_{t-1} + 0.25\Delta traf_{t-2}$$
$$-0.07\Delta yem_{t-1} + 0.84\Delta yem_{t-2} - 0.04$$

$$[1.55] \qquad [-1.93] \qquad [0.64]$$

$$[-0.05] \qquad [0.69] \qquad [-1.26]$$

$$ecm_{t-1} = jgdp_{t-1} - 1.14gdp_{t-1} - 1.11hum_{t-1} - 0.95infor_{t-1}$$
$$+1.64jem_{t-1} - 2.56yem_{t-1} - 0.43tax_{t-1} \quad （4.13）$$
$$+2.12trade_{t-1} - 1.96traf_{t-1} + 52.98$$

其中，误差修正项为 ecm_{t-1}，误差修正系数为-0.28，显著为负，说明了以高端航运服务业部门产值比重为代表的航运服务型国际航运中心发展水平增长率的误差修正项也具有负向的修正机制，且调整速度较快。

从误差修正模型来看，短期内滞后二期的服务业集聚度的增长率对国际航运中心发展水平的增长率具有显著的正向作用，影响系数为3.72。而滞后一期的宏观税率水平的增长对航运中心发展水平增长率短期内起到了显著的负向影响力，短期正向效应系数为-0.14。与长期效应相同，短期内腹地综合实力、滞后一期的人力资本水平以及信息基础设施水平的提高对航运中心发展水平的提升均起促进的作用。与长期不同的是贸易比率在短期内呈现正向效应的作用，而滞后二期物流业集聚度则表现为稍弱的正向影响。

三、脉冲响应与方差分解

（一）脉冲响应函数分析

为了进一步研究航运服务型国际航运中心发展水平与演进影响因素之间的动态关系，下面以向量自回归模型为基础，建立各演进影响因素对国际航运中心发展水平的冲击响应函数模型。图 4.3 和图 4.4 为基于向量自回归模型的各影响因素对国际航运中心发展水平的脉冲响应函数曲线。

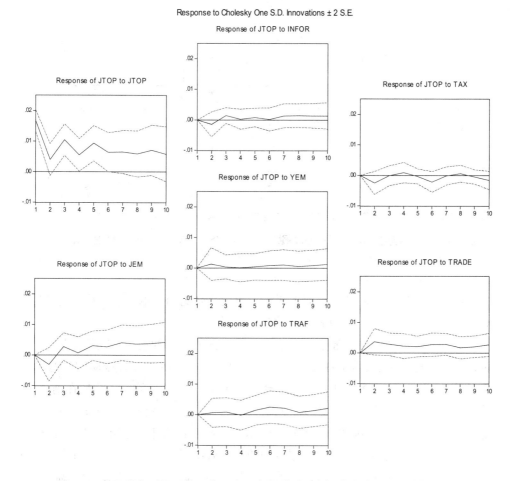

图 4.3　航运服务型国际航运中心发展水平受到一个标准差冲击的响应情况（一）

资料来源：作者研究整理。

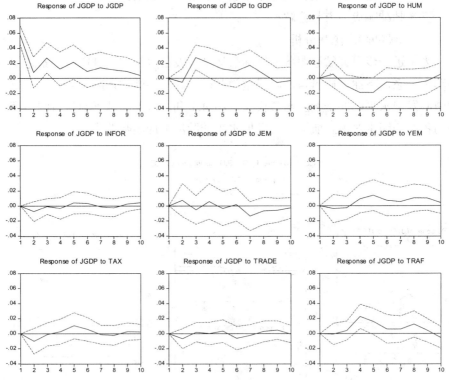

图 4.4 航运服务型国际航运中心发展水平受到一个标准差冲击的响应情况（二）

资料来源：作者研究整理。

第一种情况，以高端航运服务机构数量比重作为航运服务型国际航运中心发展水平代表变量的脉冲响应函数分析结果。

脉冲响应函数的结果显示，对于来自自身的冲击，冲击响应在第 1 期表现最大，并逐步开始下降，在第 2 期达到最低值后一直处于一种波动的状态，但总体的冲击响应显著为正；对于来自 infor 的一个标准差的冲击响应在前 2 期内一直为负，直到第 3 期达到正向最大值后，呈现出平缓的正向波动影响趋势；而对于来自 trade 的一个标准差的冲击从第 1 期开始逐渐上升，第 2 期达到峰值后，此后呈现较为平缓波动的正向效应影响；对于来自 traf 的一个标准差的冲击响应一直为正，初期影响效应不明显，从第 4 期开始逐渐上升，此后呈现先上升后下降的正向波动状态；对于来自 tax 的一个标准差的冲击在前 3 期内表现为先上升后下降的负向冲击，此后呈现正负交替的波动冲击，力度不断减弱；对于来自企业异质性影响因素的一个标准差的冲击来说，在前 2 期内服务企业集聚的贡献为负的，在第 3 期达到峰值后，影响力度呈现稳步上升的趋势；而来自物流企业集聚贡献虽然一直为正的，但影响力度要低于服务企业集聚的贡献力度。

第二种情况，以高端航运服务业部门产值比重作为航运服务型国际航运中心发展水平代表变量的脉冲响应函数分析结果。

脉冲响应函数的结果显示，对于来自自身的冲击，正向冲击响应在第 1 期时表现最大，此后呈现波动下降的趋势；对于来自 gdp 的冲击，从第 1 期开始表现为负向效应直到第 2 期达到最低值，此后逐步转为正向效应，第 3 期达到峰值后呈波动缓慢下降，第 8 期以后开始呈现减缓的正负交替冲击；对于来自 hum 的一个标准差的冲击响应在前 2 期内一直为正的，并呈现先上升后下降的趋势，从第 3 期直至第 9 期呈现显著的负向效应，此后又逐步呈现正向效应；对于来自 infor 的一个标准差的冲击响应整体较弱，在初期呈现为负向效应，从第 1 期开始呈现先上升后下降的波动趋势，从第 5 期开始表现为先正向后负向的波动冲击；而对于来自 trade 的一个标准差的冲击在前 3 期内呈现先上升后下降的负向效应的影响，从第 3 期开始出现微弱正向效应影响后，直至第 5 期达到峰值，此后又转为负向冲击，最后从第 8 期开始又进一步呈现正向冲击；对于来自 traf 的一个标准差的冲击响应前 2 期表现较弱，从第 3 期开始逐渐上升，直到第 4 期达到峰值后缓慢地波动下降至第 9 期，这一阶段一直呈现正向冲击，从第 9 期以后转为较弱的正负交替的冲击；对于来自 tax 的一个标准差的冲击在前 3 期内表现为先上升后下降的负向冲击，从第 3 期开始转为显著的正向冲击，直至第 5 期达到峰值后逐步减弱，第 7 期降至为零，此后的波动冲击力度不断减弱；对于来自企业异质性影响因素的一个标准差的冲击来说，来自 jem 的冲击在短期内呈现正向影响，来自 yem 的冲击呈现负向影响，而在长期内 jem 呈现负向影响，yem 则呈现显著的正向影响。

综上所述，在短期内航运服务型国际航运中心发展水平除了受自身的较大影响外，航运服务业集聚度的提高对国际航运中心发展水平带来较大的正向冲击效应，即短期内基于交易成本和信息成本等相关因素的考虑，航运服务企业具有集聚的趋势，在一定程度上有利于航运服务型国际航运中心的发展。而信息基础设施水平和交通基础设施水平在短期内对航运服务型国际航运中心发展的影响力度稍弱，但长期内仍呈现显著的正向影响，也就是说，航运服务型国际航运中心的发展需要完善配套的信息基础设施和交通基础设施的支撑；值得注意的是，宏观税率水平对航运服务型国际航运中心的负向影响主要反映在短期内，在长期中影响力度较弱；此外，物流业集聚度的提高无论在短期还是长期都利于航运服务型国际航运中心发展水平的提高。

（二）预测方差分解分析

在 VAR 模型的基础上，对航运服务型国际航运中心发展水平指标的预测均方误差进行分解。综合两种方差分解结果来看，短期内主要受到国际航运中心自身发展水平的影响。长期而言，腹地综合实力、人力资本水平、服务业集聚度是影响航运服务型国际航运中心发展的最重要的因素，同时物流业集聚度和交通基础设施水平的影响力度也逐步显现。

第四节　全要素集聚型国际航运中心演进影响因素的实证检验

全要素集聚型国际航运中心仍是在原有的货物集聚型国际航运中心的基础上，重点发展航运服务业，特别是重点发展高端航运服务业，从而形成了同时具备货物流量和航运服务业的全要素集聚型国际航运中心。在这种条件下，信息基础设施水平、贸易比率、人力资本水平、服务业集聚度和物流业集聚度等因素是全要素集聚型国际航运中心发展的重要影响因素。

一、协整关系检验

全要素集聚型国际航运中心的发展水平可以分别用航运中心所在地区的航运服务企业机构数量比重（ftop）和服务业部门产值比重（fgdp）来衡量，而国际航运中心演进影响因素主要包括腹地综合实力（gdp）、人力资本水平（hum）、信息基础设施水平（infor）、贸易比率（trade）、交通基础设施水平（traf）、服务业集聚度（jem）、物流业集聚度（yem）等因素。

根据平稳性检验，取完自然对数后的时间序列 ftop、fgdp、gdp、hum、infor、trade、traf、jem 和 yem 的原序列为非平稳的，因此不能用 OLS 进行参数估计，但上述时间序列均为一阶单整过程，可采用协整检验的方法。下面采用 Johansen 最大似然法来分析各个变量之间的协整关系。

第一种情况，以航运服务企业机构数量比重作为全要素集聚型国际航运中心发展水平代表变量的协整检验结果。

如表 4.13 所示，根据 LR、FPE、AIC 和 HQ 准则，确定 VAR 模型的最大滞后阶数为 3 阶，那么设定 Johansen 检验的滞后期为 2。选择由 ftop 和 gdp、infor、trade、traf、jem、yem 构成的列向量有确定线性趋势，但协整方程只有截距的形式进行检验，Johansen 多元协整检验的结果如表 4.14 所示，在 5% 的显著性水平下拒绝 r≤3 的假设，即各变量之间存在 4 个协整关系。对第一个协整向量的正则化得到 $\hat{\beta}_s$ = (1，-1.09，1.14，1.45，-1.57，2.00，2.18)，其对应的协整关系见（4.14）式。

$$ftop_t = 1.09gdp_t - 1.14infor_t - 1.45jem_t$$
$$+ 1.57trade_t - 2.00traf_t - 2.18yem_t \qquad （4.14）$$

$$[4.70]^* \qquad [-7.93]^* \qquad [-4.12]^*$$
$$[12.67]^* \qquad [-8.22]^* \qquad [-4.01]^*$$

协整关系方程表明在长期均衡关系中，以航运服务企业机构数量比重代表的国际航运中心发展水平与腹地综合实力、信息基础设施水平、贸易比率、交通基础设施水平、服务业集聚度和物流业集聚度之间存在稳定关系。而人力资本水平和宏观税率水平对航运服务企业机构数量比重的影响不具有显著性，此处暂不考虑这两种因素的影响。具体而言，腹地综合实力和贸易比率每增长 1% 分别会引起全要素集聚型国际航运中心发展水平提高 1.09% 和 1.57%；而信息基础设施水平和交通基础设施水平在长期内对全要素集聚型国际航运中心表现出负向作用，即两个因素每增长 1% 会引起全要素集聚型国际航运中心发展水平降低 1.14% 和 2.00%；同样，企业异质性对全要素集聚型国际航运中心长期发展的贡献也较大且均起到了负向作用，服务企业集聚度和物流企业集聚度的负向效应系数分别为 -1.45 和 -2.18。

表 4.13 滞后阶数的确定

最大滞后阶数	LR	FPE	AIC	HQ
0	NA	2.77e-18	-20.56	-20.46
1	577.76	1.89e-24	-34.79	-33.95
2	78.20	1.36e-24	-35.31	-33.72
3	88.99*	3.26e-25*	-37.26*	-34.94*

资料来源：作者研究整理。

注：*表示可选的滞后阶数。

表 4.14　Johansen 协整检验结果

协整秩 H$_0$	特征值	迹统计量	5%的统计量	P 值
r≤0*	0.861	255.00	125.62	0.0000
r≤1*	0.780	170.27	95.75	0.0000
r≤2*	0.675	105.14	69.82	0.0000
r≤3*	0.499	56.83	47.86	0.0057
r≤4	0.374	21.45	29.80	0.0990

资料来源：作者研究整理。

注：根据 LR、FPE、AIC 和 HQ 准则确定协整检验的滞后阶数为 2。

第二种情况，以服务业部门产值比重作为全要素集聚型国际航运中心发展水平代表变量的协整检验结果。

如表 4.15 所示，根据 LR、FPE、AIC 和 HQ 准则，确定 VAR 模型的最大滞后阶数为 3 阶，那么设定 Johansen 检验的滞后期为 2。选择由 fgdp 和 gdp、hum、infor、trade、traf、jem、yem 构成的列向量有确定线性趋势，但协整方程只有截距的形式进行检验，Johansen 多元协整检验的结果如表 4.16 所示，在 5%的显著性水平下拒绝 r≤7 的假设，即各变量之间存在 8 个协整关系。对第一个协整向量的正则化得到 $\hat{\beta}_6$=（1，-0.18，-0.31，0.08，-0.09，-0.08，0.24，0.41），其对应的协整关系见（4.15）式。

$$fgdp_t = 0.18gdp_t + 0.31hum_t - 0.08infor_t$$
$$+ 0.09trade_t + 0.08traf_t - 0.25jem_t - 0.41yem_t \qquad (4.15)$$

$$[5.19]^* \qquad [7.89]^* \qquad [-4.54]^*$$
$$[5.35]^* \qquad [2.50]^* \qquad [-3.89]^* \qquad [-5.48]^*$$

协整关系方程表明在长期均衡关系中，以服务业部门产值比重代表的国际航运中心发展水平与腹地综合实力、人力资本水平、信息基础设施水平、贸易比率、交通基础设施水平、服务业集聚度和物流业集聚度之间存在稳定关系。具体而言，腹地综合实力和人力资本水平对全要素集聚型国际航运中心的发展起到了显著的促进作用，两个因素每增长 1% 分别会引起航运中心发展水平提高 0.18% 和 0.31%；与第一种情况结果相同，信息基础设施水平从长期来看对航运中心的发展起到了负向作用，每提高 1% 分别会引起 0.08% 发展水平的下降；在这种条件下，贸易比率和交通基础设施水平的提高也会促进国际航运中心的发展；此外，在这种条件下企业异质性对全要素集聚型国际航运中心长期发展的贡献也均起到了负向作用，服务企业集聚度和物流企业集聚度的负向效应系数分别为-0.25和-0.41。

表4.15　滞后阶数的确定

最大滞后阶数	LR	FPE	AIC	HQ
0	NA	3.34e-22	-26.75	-26.63
1	596.36	1.66e-28	-41.31	-40.22
2	113.64	5.64e-29	-42.71	-40.65
3	101.09*	1.06e-29*	-45.35*	-42.32*

资料来源：作者研究整理。

注：*表示可选的滞后阶数。

表4.16　Johansen 协整检验结果

协整秩 H_0	特征值	迹统计量	5%的统计量	P 值
r≤0*	0.903	356.49	159.53	0.0000
r≤1*	0.819	256.32	125.62	0.0000
r≤2*	0.740	182.70	95.75	0.0000
r≤3*	0.592	124.77	69.82	0.0000
r≤4*	0.512	86.25	47.86	0.0000
r≤5*	0.413	55.40	29.80	0.0000
r≤6*	0.346	32.52	15.49	0.0001
r≤7*	0.283	14.28	3.84	0.0002

资料来源：作者研究整理。

注：根据 LR、FPE、AIC 和 HQ 准则确定协整检验的滞后阶数为2。

二、误差修正模型的估计

基于协整关系检验可知，变量全要素集聚型国际航运中心发展水平（ftop 和 fgdp）与腹地综合实力（gdp）、人力资本水平（hum）、信息基础设施水平（infor）、贸易比率（trade）、交通基础设施水平（traf）、服务业集聚度（jem）、物流业集聚度（yem）等因素之间存在长期均衡关系。因此，在上述协整关系检验的基础上进一步建立全要素集聚型国际航运中心的误差修正模型，研究各演进影响因素与发展水平变量之间的短期动态关系。

第一种情况，以航运服务企业机构数量比重作为全要素集聚型国际航运中心发展水平代表变量的误差修正模型估计结果。

下面建立以航运服务企业机构数量比重为代表的全要素集聚型国际航运

中心发展水平的误差修正模型，来反映短期偏离长期均衡的修正机制。检验统计量显示模型拟合效果较好，具体结果如（4.16）式所示。

$$\Delta ftop_t = -0.04ecm_{t-1} - 0.32\Delta ftop_{t-1} + 0.02\Delta ftop_{t-2} + 0.09\Delta gdp_{t-1} \qquad (4.16)$$
$$- 0.08\Delta gdp_{t-2} - 0.06\Delta infor_{t-1} - 0.08\Delta infor_{t-2}$$

$$[-1.02] \qquad\qquad [-1.52] \qquad\qquad [0.13] \qquad\qquad [0.69]$$
$$[-0.63] \qquad\qquad [-0.38] \qquad\qquad [-0.54]$$

$$-0.34\Delta jem_{t-1} - 0.21\Delta jem_{t-2} + 0.01\Delta trade_{t-1}$$
$$-0.003\Delta trade_{t-2} - 0.02\Delta traf_{t-1} + 0.04\Delta traf_{t-2}$$
$$+0.18\Delta yem_{t-1} - 0.03\Delta yem_{t-2} + 0.01$$

$$[-1.13] \qquad\qquad [-0.06] \qquad\qquad [0.21]$$
$$[-0.08] \qquad\qquad [-0.20] \qquad\qquad [0.47]$$
$$[0.62] \qquad\qquad [-0.11] \qquad\qquad [2.11]^*$$

$$ecm_{t-1} = ftop_{t-1} - 1.09gdp_{t-1} + 1.14infor_{t-1} + 1.45jem_{t-1} \qquad (4.17)$$
$$-1.57trade_{t-1} + 2.00traf_{t-1} + 2.18yem_{t-1} - 37.01$$

其中，误差修正项为 ecm_{t-1}，误差修正系数为-0.04，说明了全要素集聚型国际航运中心发展水平增长率的误差修正项具有负向的修正机制，即发展水平增长率对长期均衡的偏离会对短期的发展水平增长率波动产生一个的负向影响，但调整速度稍慢，不具有显著性。

从 ECM 模型来看，短期内全要素集聚型国际航运中心发展水平除了受自身增长率的影响外，还受到滞后一期的腹地综合实力的正向影响和滞后二期的腹地综合实力的负向影响。同时，滞后一期及二期的信息基础设施水平和服务企业集聚度的增长率对于发展水平增长率具有负向作用。而滞后一期贸易比率的增长对发展水平增长率短期内起到正向影响，短期正向效应系数为 0.01。而滞后二期的交通基础设施水平的增长率对发展水平的增长影响也为正的，短期效应系数为 0.04。此外，滞后一期的物流业集聚度的提高则对航运中心发展起到了正向效应作用。

第二种情况，以服务业部门产值比重作为全要素集聚型国际航运中心发展水平代表变量的误差修正模型估计结果。

类似地，下面建立以服务业部门产值比重为代表的全要素集聚型国际航运中心发展水平的误差修正模型，来反映短期偏离长期均衡的修正机制。检验统计量显示模型拟合效果较好，具体结果如式（4.18）所示。

$$\Delta fgdp_t = -0.72ecm_{t-1} - 0.15\Delta fgdp_{t-1} + 0.33\Delta fgdp_{t-2} - 0.16\Delta gdp_{t-1} \quad (4.18)$$
$$- 0.10\Delta gdp_{t-2} + 0.59\Delta hum_{t-1} + 0.37\Delta hum_{t-2}$$

$$[-3.75]^* \qquad [-0.82] \qquad [1.91] \qquad [-1.66]$$

$$[-1.04] \qquad [2.94]^* \qquad [2.07]^*$$

$$-0.25\Delta infor_{t-1} + 0.38\Delta infor_{t-2} - 0.07\Delta trade_{t-1} + 0.01\Delta trade_{t-1}$$
$$+0.05\Delta traf_{t-1} + 0.04\Delta traf_{t-2}$$

$$[-3.69]^* \qquad [4.89]^* \qquad [-2.14]^* \qquad [0.37]$$

$$[0.95]\,[0.62]$$

$$+0.63\Delta jem_{t-1} + 0.13\Delta jem_{t-2} - 0.38\Delta yem_{t-1} + 0.60\Delta yem_{t-2}$$
$$-0.01$$

$$[3.59]^* \qquad [0.74] \qquad [-1.82] \qquad [2.95]^* \quad [-1.91]$$

$$ecm_{t-1} = fgdp_{t-1} - 0.18gdp_{t-1} - 0.31hum_{t-1}$$
$$+0.08infor_{t-1} - 0.09trade_{t-1} - 0.08traf_{t-1} \qquad (4.19)$$
$$+0.25jem_{t-1} + 0.41yem_{t-1} - 0.01$$

其中，误差修正项为 ecm_{t-1}，误差修正系数为-0.72，显著为负，说明了以服务业部门产值比重为代表的全要素集聚型国际航运中心发展水平增长率的误差修正项也具有负向的修正机制，且调整速度较快。

从 ECM 模型来看，短期内全要素集聚型国际航运中心发展水平受到滞后一期及滞后二期人力资本水平的显著的正向影响，影响效应系数分别为0.59 和 0.37。同时，滞后一期的服务业集聚度和滞后二期的物流业集聚度的增长率对航运中心发展水平的增长率也具有显著的正向作用。而滞后一期的贸易比率的增长表现出不利于航运中心发展的态势，短期负向效应系数为-0.07。此外，滞后一期的信息基础设施水平对航运中心发展水平的提高起到了抑制作用，而滞后二期的信息基础设施水平则起到了促进作用，且两种作用均具有显著性。

三、脉冲响应与方差分解

（一）脉冲响应函数分析

为了进一步分析全要素集聚型国际航运中心发展水平与演进影响因素之间的动态关系，下面以 VAR 模型为基础，建立各演进影响因素对国际航运中心发展水平的冲击响应函数模型。图 4.5 和图 4.6 为基于 VAR 模型的各影响因素对国际航运中心发展水平的脉冲响应函数曲线。

第一种情况，以航运服务企业机构数量比重作为全要素集聚型国际航运中心发展水平代表变量的脉冲响应函数分析结果。

脉冲响应函数的结果显示，对于来自自身的冲击，冲击响应在第 1 期时表现最大，并逐步开始下降，在第 2 期达到最低值后一直处于一种波动的状态，但总体的冲击响应显著为正；对于来自 gdp 的一个标准差的冲击响应在前 5 期内呈现先上升后下降的负向影响效应，从第 6 期开始呈现稳步上升的正向影响；对于来自 infor 的一个标准差的冲击响应一直为正，从第 1 期开始上升，直到第 5 期达到峰值后，呈现稳定的正向影响趋势；而对于来自 trade 的一个标准差的冲击是显著为正，在前 5 期呈现先上升后下降的波动状态后，此后呈现稳定的正向效应影响；对于来自 traf 的一个标准差的冲击响应一直为负，整体呈现先上升后下降的负向波动状态，且负向影响力度逐渐减弱；对于来自于企业异质性影响因素的一个标准差的冲击来说，在前 2 期内服务企业集聚的贡献为负的，从第 3 期开始逐渐上升，直至第 7 期达到峰值，此后呈现平缓下降的正向影响趋势；而来自物流企业集聚贡献在前 3 期内影响力度较弱，从第 4 期开始呈现 U 字形的负向影响，从第 15 期以后转为稳定上升的正向影响趋势。

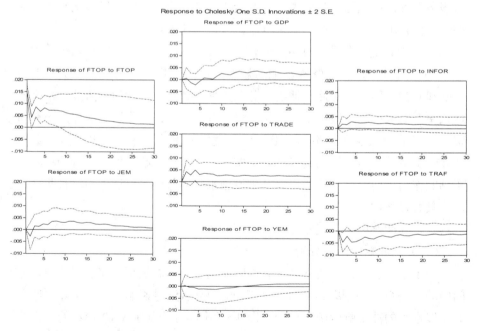

图 4.5　全要素集聚型国际航运中心发展水平受到一个标准差冲击的响应情况（一）
资料来源：作者研究整理。

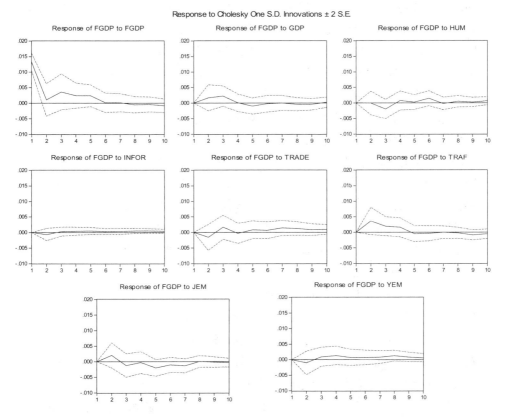

图 4.6　全要素集聚型国际航运中心发展水平受到一个标准差冲击的响应情况（二）

资料来源：作者研究整理。

第二种情况，以服务业部门产值比重作为全要素集聚型国际航运中心发展水平代表变量的脉冲响应函数分析结果。

脉冲响应函数的结果显示，对于来自自身的冲击，正向冲击响应在第 1 期时表现最大，此后呈现波动下降的趋势，直到第 6 期以后影响力度趋于零；对于来自 gdp 的冲击，在前 3 期内呈现倒 U 字形的正向影响趋势，此后影响力度呈现减缓的趋近于零的正负交替冲击；对于来自 hum 的一个标准差的冲击响应从第 2 期开始呈现 V 字形的负向影响效应，直到第 4 期逐步呈现为较弱的正向影响效应；对于来自 infor 的一个标准差的冲击响应整体较弱，在前 3 期呈现为负向效应，从第 3 期以后呈现稳定的正向影响趋势；而对于来自 trade 的一个标准差的冲击在前 4 期内呈现先负向再正向的交替影响，从第 5

期以后呈现稳定的正向效应影响；对于来自 traf 的一个标准差的冲击响应前 4 期影响效应显著，呈现倒 V 字形的正向影响趋势，此后影响力度降低，呈现并不显著的负向影响；对于来自企业异质性影响因素的一个标准差的冲击来说，在前 2 期内来自 jem 的冲击呈现正向影响，来自 yem 的冲击呈现负向影响，而在长期内 jem 呈现负向影响，yem 则呈现显著的正向影响。

综上所述，在短期内全要素集聚型国际航运中心发展水平除了受自身发展水平的较大影响外，服务业集聚度和物流业集聚度的提高对全要素集聚型国际航运中心发展水平带来较大的正向冲击效应。而信息基础设施水平在短期内对全要素集聚型国际航运中心发展起到较强的促进作用，但长期内则表现为抑制作用。此外，贸易比率在短期内对全要素集聚型国际航运中心的影响较弱，但在长期中表现出较强的正向影响力度。与之类似，腹地综合实力也主要在长期内利于全要素集聚型国际航运中心发展水平的提高。

（二）预测方差分解分析

在 VAR 模型的基础上对全要素集聚型国际航运中心发展水平指标的预测均方误差进行分解。综合两种方差分解结果来看，短期内除受到国际航运中心自身发展水平的影响外，还受到服务业集聚度、贸易比率和交通基础设施水平高低的影响。长期而言，腹地综合实力、贸易比率、服务业集聚度是影响全要素集聚型国际航运中心发展的最重要的因素，且服务业集聚度的影响力度上升较快。此外，长期内交通基础设施水平仍发挥较大的影响作用，而信息基础设施水平和物流业集聚度的影响力较弱，但也呈现逐步上升的趋势。

第五章 天津北方国际航运中心形成与发展的评价分析

前一章通过选取中国香港国际航运中心的数据作为样本，分别对货物集聚型、航运服务型和全要素集聚型国际航运中心演进影响因素进行了实证分析，较为准确地揭示了国际航运中心演进过程中的各种影响因素对其发展水平的动态调节。既有的国际航运中心演进过程的经验表明，国际航运中心的形成与发展过程是一个逐渐演变的过程，其功能和内涵也随着主导影响因素的不同而发生改变。因此，国际航运中心的建设作为一项复杂而系统的工程，应充分考虑多种因素协同作用对国际航运中心发展水平的影响，有针对性地选择有利于国际航运中心发展的因素进行重点培养和建设。从国内现有的及拟建的国际航运中心来看，上海国际航运中心和天津北方国际航运中心的建设无疑是重中之重。自 1996 年 1 月国务院领导在沪宣布建立上海国际航运中心以来，上海国际航运中心的建设方兴未艾，大量的实际工作正在紧锣密鼓地展开，取得了较好的成效。与此同时，天津港口城市的优势地位也不断凸显，2011 年国务院批复了《天津北方国际航运中心核心功能区建设方案》后，天津正着力采取切实可行的政策措施推动北方国际航运中心的建设步伐。因此，明确不同因素对国际航运中心的影响力度，有助于掌握国际航运中心发展水平与演进影响因素之间存在的相辅相成的密切联系，从而促进天津北方国际航运中心的建设。

基于以上考虑，本章在明确国际航运中心演进影响因素的基础上，首先对天津北方国际航运中心的研究现状进行了阐述，将天津北方国际航运中心与中国香港、新加坡和上海国际航运中心进行对比分析，以全面把握天津建设北方国际航运中心的整体发展态势、竞争能力以及发展优势和发展劣势。这里将以广泛公认的新加坡国际航运中心、中国香港国际航运中心作为标杆，同时选取国内发展较快的上海国际航运中心进行对比，通过建立国际航运中心形成与发展的评价指标体系，明确天津与发达国际航运中心在腹地经济状况、港口能力、集疏运能力、运输服务能力、航运市场发达程度、航运产业集聚度、航运产业发展程度、地区创新能力水平以及政府政策倾向等方面上存在的差距，为提出天津建设北方国际航运中心存在的优势和劣势、未来发展的方向及重点建设内容提供现实依据。

第一节　关于天津北方国际航运中心的研究

目前为止，关于天津北方国际航运中心的研究主要集中在功能地位和发展思路两方面。

第一类研究是关于北方国际航运中心的功能定位分析。于汝民（2005）认为，天津建设北方国际航运中心应充分发挥天津港的港口优势作用，并重点发展其国际中转、出口加工和服务功能。贾大山（2006）认为，应将天津北方国际航运中心定位为第三代区域性国际航运中心，并在此基础上提出了建设北方国际航运中心的对策建议。交通部水运科学研究院（2008）认为，天津北方国际航运中心应在具备传统港口、航运功能（港口装卸、船舶运输和船舶代理等）的基础上，通过增强航运金融、法律、信息、管理咨询和教育培训等现代航运服务功能，从而实现国际中转、配送、采购、国际转口贸易和出口加工等五大功能的提升。天津市经济发展研究所课题组（2012）则认为，在天津北方国际航运中心核心功能区建设中应重点发展与东疆港向自由贸易港转型相适应的离岸金融业务。

第二类研究则是针对天津建设北方国际航运中心提出发展思路及对策的研究。李曼（2010）论述了天津港建设国际航运中心过程中已具备的区位及经济腹地、滨海新区发展、海陆空综合运输体系等优势，但应在多式联运体系、集装箱吞吐量和自由港综合实力等方面有待加强。王忠文（2011）认为，天津建设北方国际航运中心应组建更多的海洋运输公司和远洋运输业务服务的中介机构，更为重要的是应拥有强大的造船工业体系。武超（2011）认为，天津港是天津市的核心战略资源，天津建设北方国际航运中心应将经济腹地范围扩大，应将环渤海地区之外的北方其他地区纳入，以便形成经济互动。高伟凯（2012）以天津北方国际航运中心为例，对其发展趋势、功能形态和发展条件进行了详细的分析，重点分析了影响国际航运中心的因素，从而提出了天津建设北方国际航运中心的整体发展思路。梁怀民（2012）认为，天津北方国际航运中心与其他知名的国际航运中心相比，在地区经济实力、航运服务信息的整合、集疏运体系和高端服务业等方面存在较大差距，应予重点发展。

基于上述已有的研究可知，学者们对天津建设北方国际航运中心的功能定位提出了各自不同的观点，从整体上认为，天津应在充分发挥港口功能的基础上加强高端航运服务的功能建设。此外，另一部分学者认为，天津应在集疏运体系的建设、经济腹地范围的扩大、规模以上临港工业的发展以及高端航运服务业的培养等方面予以重视，并提出了相应的对策建议。但是值得高度关注的是，天津北方国际航运中心与发展较为成熟的新加坡国际航运中心、中国香港国际航运中心相比存在哪些差距？天津北方国际航运中心属于货物集聚型、航运服务型还是全要素集聚型国际航运中心？这些问题的相关研究较少，本章则针对这两个问题进行研究，以丰富和发展国际航运中心形成与发展的案例研究，并为天津进一步建设北方国际航运中心提供一些参考。

第二节　评价方法与指标选择

一、评价方法的简述

通过文献研究可知，国内现有评价国际航运中心的定量研究方法，主要有主成分分析法、灰色关联分析法、系统动力学方法、模糊评价方法以及 DEA 模型方法等。上述每种方法都有其优势和劣势，其中系统动力学的方法在一定程度上可以解释国际航运中心的发展机理，但不能很好地刻画国际航运中心的演变过程；DEA 分析法一般只对国际航运中心的某一方面功能的效率进行测算，因计算方法较为复杂很难应用于测算国际航运中心的整体发展水平。而主成分分析的方法也被应用于国际航运中心的评价中，但相关研究是针对国际航运中心与金融中心之间的关联度问题，忽略了单一指标间的相互作用，无法详细刻画国际航运中心演进影响因素与发展水平之间的关系，因此无法得出国际航运中心所属的类型；随着对国际航运中心研究的不断深入，越来越多的学者倾向于使用模糊评价法来评价国际航运中心的发展水平，模糊评价法主要用于评价多因素和多层次的问题，但这种方法在赋值权重的选择上也存在较大的主观性，因而在具体操作时争论较大。因此，为了完整刻画两个不同的国际航运中心演进影响因素与发展水平之间的关系，从而确定天津北方国际航运中心所属类型，本章将引入灰色关联分析方法进行综合评价。

灰色关联度模型的基本步骤如下：

第一步，指标初始化。首先将评价指标原始观测数进行无量纲化处理，即进行指标数值初始化运算。

第二步，确定参考序列。选取初始化指标的最优值作为最终进行比较的参考序列，设参考序列为 $\gamma_{i,j}$ ，比较序列为 $y_{i,j}$ 。灰色关联系数的计算公式如（5.1）式所示，其中分辨率取 $\rho = 0.5$ 。

$$\eta_{i,j} = \frac{\min_i \min_j |\gamma_{i,j} - y_{i,j}| + \rho \max_i \max_j |\gamma_{i,j} - y_{i,j}|}{|\gamma_{i,j} - y_{i,j}| + \rho \max_i \max_j |\gamma_{i,j} - y_{i,j}|} \tag{5.1}$$

第三步，计算灰色关联序。由于灰色关联系数的数据较多，信息过于分散且不易于比较，因此通过计算各类灰色关联系数的平均值来进行比较分析。各类灰色关联系数的算数平均值和加权平均值表示形式如（5.2）式和（5.3）式所示。

$$r_{i,j} = \frac{1}{n} \sum_{j=1}^{n} \eta_{i,j} \tag{5.2}$$

$$r_{i,j} = \frac{1}{n} \sum_{j=1}^{n} \omega_j \cdot \eta_{i,j} \tag{5.3}$$

其中， $r_{i,j}$ 即为 $\gamma_{i,j}$ 与 $y_{i,j}$ 的关联度。$r_{i,j}$ 越大，越接近于1，说明 j 因素对因变量影响越大。

第四步，根据关联度 $r_{i,j}$ 的大小对待评的指标进行排序。$r_{i,j}$ 越大，越接近于 1，说明 j 因素对因变量影响越大，从而得出各因素之间的关联程度大小。根据经验，当 $\rho = 0.5$ 时，两个因素的关联度大于 0.6 时表示其具有显著的关联性。

二、评价指标的选择

为了评价天津北方国际航运中心的形成阶段与发展水平，确定详细的评价指标及其度量的内容至关重要。围绕国际航运中心演进影响因素的研究，本章将影响国际航运中心演进的因素进行细分和扩展，选取中国香港、新加坡、上海以及天津作为评价对象进行评价，并且从腹地经济状况、港口能力、集疏运能力、运输服务能力、航运市场发达程度、航运产业集聚度、航运产业发展程度、地区创新能力水平以及政府政策倾向等方面构建 9 个一级国际航运中心评价指标和 24 个二级指标，从而构建国际航运中心形成阶段与发展水平评价指标体系，如图 5.1 所示。

需要说明的是，基于数据的可得性，本书运用灰色关联模型的分析方法，选择除港口生产能力、航运交易市场水平、港口运输服务水平和航空运输服务水平指标之外 20 个二级指标的时间序列数据来研究国际航运中心的形成过程，选择全部 24 个二级指标的横向数据进行比较分析来评价国际航运中心的发展水平。数据来源于 2001～2012 年的《香港统计年刊》《上海统计年鉴》《天津统计年鉴》和《新加坡统计年鉴》。下面对构建国际航运中心形成与发展评价指标体系进行具体阐述。

在腹地经济状况评价指标方面，本书选择国内生产总值、人均国内生产总值和贸易比率指标衡量。第一，国内生产总值（GDP）代表了城市综合实力，为国际航运中心的发展提供了物质基础；第二，人均国内生产总值（人均 GDP）反映了地区的经济发展状况，是衡量腹地经济实力的重要标准；第三，贸易比率（进出口总额与国内生产总值的比重）是衡量一个地区对外经济贸易对经济实力的影响程度，较大的进出口贸易额度将为国际航运中心的发展提供源源不断的货源，从而推动港口规模的扩大。

在港口能力评价指标方面，本书选择港口货物吞吐量、港口集装箱吞吐量和港口生产能力指标来衡量。其一，港口货物吞吐量主要反映港口综合运作的能力，可作为评价港口规模大小的重要指标（刘秉镰等，2012）；其二，港口集装箱吞吐量作为对外贸易进出口形势最为直观的反应者，是衡量港口发展水平和竞争能力的重要指标；其三，港口生产能力主要选用码头长度和万吨级港口泊位数来表示。其中码头长度可作为一个港口设施水平的代表，而万吨级港口泊位数则反映了一个港口挂靠大型船舶的能力。

在集疏运能力评价指标方面，本书选择水路货运能力和空运货运能力指标来衡量。完善的集疏运网络系统对于国际航运中心形成与发展来说至关重要，先进的集疏运网络系统包括公路、铁路、水运及航运等有助于各种货物源源不断地汇集到国际航运中心及其辐射地区进行转运、储存、加工和销售等，基于新加坡国际航运中心的岛国特殊性，以水运和空运为主，缺乏反映公路和铁路货运能力的数据，因此这里只选择水路货运能力和空运货运能力指标来衡量集疏运能力。

在运输服务能力评价指标方面，本书选择信息基础设施水平、交通基础设施水平、港口运输服务水平及航空运输服务水平指标来衡量。一方面，先进的信息技术是航运产业发展的重要支撑和保障，有利于企业之间、企业与政府之间实现无纸化沟通，因此本书选用互联网宽频户数大小来表示信息基础设施水平；另一方面，较高的交通基础设施水平、港口服务水平及航空服务水平也有助于支持腹地经济和物流运输的建设和发展，本书选用公路通车里程来表示交通基础设施水平，选用国际邮轮停靠次数表示港口运输服务水平，选用民航飞机起降次数表示航空运输服务水平。

在航运市场发达程度评价指标方面，本书选用金融行业规模、市场融资能力、航运交易市场水平以及金融服务水平指标来衡量。首先，国际航运中心的形成与发展需要航运服务业特别是金融保险等高端航运服务业发挥作用，其在航运融资、航运保险、结算交割等方面起到至关重要的作用。因此，金融业规模大小和市场融资能力在一定程度上决定了国际航运中心在世界范围内的所处地位。本书选用金融机构数量作为衡量金融业发展规模的重要指标，选用发放贷款总量来衡量市场融资能力。其次，航运交易市场水平高低也会直接影响国际航运中心对各类航运机构的吸引力，此处选用航运交易所及航运发展相关交易所数量表示。再次，在市场经济中经济运行离不开金融活动，特别是随着经济金融化的加深，金融机构在各种经济活动中起到极为重要的作用。最后，国际航运中心的形成与发展也需要金融机构的支持和推动，本书选用吸收的存款总量作为金融服务水平的衡量指标。

在航运产业集聚度评价指标方面，本书选用制造业集聚度、物流业集聚度和高端服务业集聚度指标来衡量。国际航运中心归根结底是由于不同类型航运企业的区位选择与区位的再选择而形成的，因此不同类型的航运企业集聚程度将直接影响国际航运中心所处的发展阶段。这里选用制造业就业人数比重、运输及仓储业就业人数比重、金融保险业就业人数比重分别代表制造业集聚度、物流业集聚度以及高端服务业集聚度指标。

在航运产业发展程度评价指标方面，这里选用工业发展程度、物流业发展程度和高端服务业发展程度指标衡量。不同类型航运产业发展规模大小也是反映不同类型国际航运中心的重要指标，因此本书选用工业产值占国内生产总值的比重、运输及仓储产值占国内生产总值的比重、金融保险业产值占国内生产总值的比重来分别衡量工业、物流业和高端服务业发展程度。

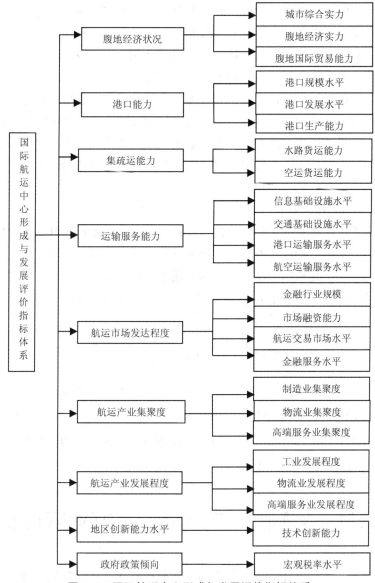

图 5.1　国际航运中心形成与发展评价指标体系

资料来源：作者研究整理。

注：该评价指标体系是在考虑国际航运中心演进影响因素的基础上进行细分和扩展而设定的。

在地区创新能力评价指标方面，本书选用技术创新能力指标衡量。技术创新能力指标反映了一个地区的科技创新的整体水平，有利于促进城市的经济增长（郝寿义和范晓莉，2012），是国际航运中心建设和发展的重要因素。这里选用人均专利申请量表示技术创新能力指标。

在政府政策倾向评价指标方面，本书选用宏观税率水平指标衡量。在国际航运中心发展过程中政府的政策倾向将起到关键作用，其中较为优惠的地区政策有利于吸引更多的航运机构、航运人才的集聚，从而促进国际航运中心的发展。本书选用一般预算性财政收入与国内生产总值的比重来代表宏观税率水平，以其高低来衡量政府的政策倾向。

三、评价指标的处理

由于评价指标的计量单位彼此之间各不相同，为保证其具有可比性，首先对国际航运中心形成与发展评价指标进行无量纲化处理。目前为止，对指标进行无量纲化处理的方法较多，本书借鉴马社强（2011）的研究采用功效系数方法将国际航运中心形成与发展评价指标值转化为属于区间[0，1]的指标值，具体如（5.4）式所示。

$$y_{ij}^{*} = a + \left(y_{ij} - n_j\right) \times b \Big/ \left(N_j - n_j\right) \qquad (5.4)$$

其中，a 和 b 为常数，a 表示对变换后的指标值进行平移，b 表示对变换后的指标值进行相应倍数的增大或缩小；N_j 为最满意值，即目前条件下可以达到的最优值；n_j 为不允许值，即该指标不应出现的最低值。此外，为了突出指标之间的差异性，这里设定：$a = 0.3$，$b = 0.7$。

第三节　天津建设北方国际航运中心的评价分析

近年来，天津港作为我国北方的重要航运枢纽，港口货物吞吐量和集装箱吞吐量不断增长，2011 年世界港口货物吞吐量排名已上升至第四位，成为全球重要的港口之一。在经济全球化的背景下，天津通过建设北方国际航运中心来吸引世界范围内的货物流、资金流、人流和信息流等航运要素的集聚，从而促进了腹地的经济发展和社会的不断进步。与此同时，也应该注意天津北方国际航运中心与世界其他国际航运中心还存在明显的差距，本节主要对中国香港、新加坡、上海和天津四大港口进行比较，分别对天津北方国际航运中心进行演进影响因素的单项评价和发展水平的综合评价，以明确天津建设北方国际航运中心的重点建设内容。

一、天津北方国际航运中心演进影响因素单项评价

本书第四章已对不同类型国际航运中心的演进影响因素进行了系统的分析，为了客观地评价天津北方国际航运中心的形成过程，下面从腹地经济状况、港口能力、集疏运能力、运输服务水平、航运产业发展程度、航运产业集聚度、航运市场发达程度、地区创新能力和政府政策倾向等九大方面进行单项指标评价。

（一）腹地经济状况评价

腹地经济状况对于国际航运中心的形成与发展至关重要，国际航运中心经济腹地主要包括直接经济腹地和间接经济腹地。基于中国香港、新加坡、上海和天津四地经济腹地范围的界定和数据的可得性，这里以实际 GDP 为代表的城市综合实力、以实际人均 GDP 为代表的腹地经济实力和以贸易比率为代表的腹地国际贸易能力 3 个指标共同反映了国际航运中心腹地经济状况。采用灰色关联模型的方法，即运用（5.2）式对 2001~2011 年天津、新加坡、中国香港和上海国际航运中心的腹地经济状况进行总体评价和分阶段评价，具体结果见表 5.1。

表 5.1　腹地经济状况的单项指标评价结果

地区	城市综合实力	排名	2009~2011 年	2008~2005 年	2001~2004 年
新加坡	0.998	1	1	0.9946	1
中国香港	0.78379	2	0.68823	0.78149	0.85776
上海	0.34531	3	0.34506	0.34654	0.34426
天津	0.33334	4	0.33333	0.33333	0.33334
地区	腹地经济实力	排名	2009~2011 年	2008~2005 年	2001~2004 年
新加坡	1	1	1	1	1
中国香港	0.53811	2	0.53581	0.53914	0.53881
上海	0.33383	3	0.33333	0.33369	0.33434
天津	0.33364	4	0.33438	0.3334	0.33333

地区	腹地国际贸易能力	排名	2009~2011 年	2008~2005 年	2001~2004 年
新加坡	0.90107	1	0.70937	0.94591	1
中国香港	0.90105	2	1	0.94005	0.78783
上海	0.39592	3	0.41001	0.4078	0.37347
天津	0.33333	4	0.33333	0.33333	0.33333

资料来源：作者根据 2001~2012 年的《香港统计年刊》《上海统计年鉴》《天津统计年鉴》和《新加坡统计年鉴》计算整理。

从表 5.1 的总体评价结果可以明显看出，在 2001~2011 年，新加坡的城市综合实力和腹地经济实力表现出较高的水平，且位列第一，其关联度阈值为 0.998 和 1；中国香港则在城市综合实力和腹地国际贸易能力方面均表现出较强的优势，排名第二；与之相比，上海和天津则在城市综合实力、腹地经济实力和腹地国际贸易能力方面排名靠后，实力稍弱。从分阶段评价结果来看，天津在城市综合实力、腹地经济实力以及腹地国际贸易能力方面均处于弱势地位，与新加坡和中国香港差距较大；新加坡在城市综合实力和腹地经济实力两方面均处于优势地位，而在腹地国际贸易能力方面呈现下降的趋势，并且 2009~2011 年新加坡的腹地国际贸易能力已低于中国香港，下降至第二位；香港和上海在腹地国际贸易能力方面呈现不断上升的趋势，且香港的增幅较为明显。

（二）港口能力评价

从国际航运中心形成过程来看，港口能力包括港口生产能力、港口规模能力以及港口发展水平等对国际航运中心的形成与发展起到了基础性作用。其中，港口生产能力通过万吨级泊位数和码头长度来体现，港口规模能力通过港口货物吞吐量衡量，而港口的发展水平则以港口集装箱吞吐量代表。采用灰色关联模型的方法对 2001~2011 年天津、新加坡、中国香港和上海的港口能力单项指标评价，基于港口生产能力数据的可得性，这里只对港口规模能力和港口发展水平进行单项指标评价和分阶段评价，具体结果见表 5.2。

表 5.2 港口能力的单项指标评价结果

地区	港口规模能力	排名	2009~2011 年	2008~2005 年	2001~2004 年
新加坡	1	1	1	1	1
中国香港	0.3889	2	0.37998	0.38631	0.39819
上海	0.34477	3	0.34538	0.34601	0.34307
天津	0.33333	4	0.33333	0.33333	0.33333
地区	港口发展水平	排名	2009~2011 年	2008~2005 年	2001~2004 年
新加坡	0.9438	1	1	1	0.84544
中国香港	0.86791	2	0.72878	0.84016	1
上海	0.34624	3	0.3492	0.34848	0.34178
天津	0.33333	4	0.33333	0.33333	0.33333

资料来源：作者根据 2001~2012 年的《香港统计年刊》《上海统计年鉴》《天津统计年鉴》和《新加坡统计年鉴》计算整理。

从表 5.2 的总体评价结果可以明显看出，在 2001~2011 年，新加坡的港口规模能力和港口发展水平相对较高，其港口规模能力和发展水平均达到了 90%以上。中国香港的港口发展水平优势明显，排名第二，灰色关联阈值为 0.86791。相比之下，上海和天津港口的规模能力和发展水平相对较低，其中天津的港口规模能力和发展水平最低。从分阶段的评价结果来看，新加坡在港口能力方面拥有显著的优势地位，并且其港口发展水平也呈现不断上升的趋势；香港则呈现出小幅的下降趋势。与之相比，香港、上海和天津在提高港口规模能力方面实力相当，但上海和天津在港口发展水平方面则处于明显的弱势地位，远低于新加坡和中国香港。

（三）集疏运能力评价

现代国际航运中心的建设需具备包括铁路、公路、水路及航空运输共同形成的高度发达的集疏运体系作为配套基础设施。下面从水路货运能力和航空货运能力两大方面对新加坡、中国香港、上海和天津的集疏运能力进行单项指标评价和分阶段评价，具体结果见表 5.3。

表 5.3　集疏运能力的单项指标评价结果

地区	水路货运能力	排名	2009~2011 年	2008~2005 年	2001~2004 年
新加坡	1	1	1	1	1
中国香港	0.37548	2	0.36499	0.37565	0.38319
上海	0.33717	3	0.3368	0.33742	0.33718
天津	0.33333	4	0.33333	0.33333	0.33333
地区	航空货运能力	排名	2009~2011 年	2008~2005 年	2001~2004 年
新加坡	0.46596	2	0.50673	0.44933	0.45202
中国香港	1	1	1	1	1
上海	0.35002	3	0.35429	0.35057	0.34626
天津	0.33333	4	0.33333	0.33333	0.33333

资料来源：作者根据 2001~2012 年的《香港统计年刊》《上海统计年鉴》《天津统计年鉴》和《新加坡统计年鉴》计算整理。

从表 5.3 的总体评价排名可以看出，在 2001~2011 年，新加坡、中国香港、上海和天津的集疏运结构整体来看并不合理。在水路货运能力方面，新加坡具备较高的水平，香港次之，上海和天津较弱。而在航运空运能力方面香港处于绝对优势地位，新加坡次之，上海和天津较弱。值得注意的是，香港在水路运输能力方面不及航空运输能力；上海在航空方面处于中等水平，而在水路货运能力方面相对较低。从分阶段的评价结果来看，新加坡的水路货运能力和香港的航空货运能力在三阶段均具有较高的水平，同时新加坡和上海的航空运输能力呈现不断递增的趋势。相比之下，天津的水路和航空货运能力的发展在整个阶段均明显滞后，灰色关联度阈值较低。

（四）运输服务水平评价

通常情况下，运输服务水平的高低会直接影响国际航运中心的所属类型。随着信息技术的发展，国际航运中心运输服务水平不但受到公路交通、港口运输和航空运输的服务水平高低影响，还受到信息基础设施水平高低的制约。因此，评价天津北方国际航运中心的运输服务水平需从信息基础设施水平、交通基础设施水平、港口运输服务水平和航空运输服务水平四大方面进行分析。基于港口运输服务水平和航空运输服务水平数据的可得性，这里只选择 2001~2011 年的信息基础设施水平和交通基础设施水平两项指标对天津北方国际航运中心运输服务水平的演进过程进行单项指标评价和分阶段评价，具体结果见表5.4。

表5.4 运输服务水平的单项指标评价结果

地区	信息基础设施水平	排名	2009~2011 年	2008~2005 年	2001~2004 年
新加坡	0.93343	1	1	0.81694	1
中国香港	0.78937	2	0.7839	0.78943	0.79341
上海	0.33594	3	0.33623	0.33642	0.33523
天津	0.33333	4	0.33333	0.33333	0.33333
地区	交通基础设施水平	排名	2009~2011 年	2008~2005 年	2001~2004 年
新加坡	0.33333	4	0.33333	0.33333	0.33333
中国香港	0.41203	3	0.38972	0.41299	0.42781
上海	0.65702	2	0.66598	0.79991	0.50741
天津	1	1	1	1	1

资料来源：作者根据 2001~2012 年的《香港统计年刊》《上海统计年鉴》《天津统计年鉴》和《新加坡统计年鉴》计算整理。这里选取公路通车里程作为衡量交通基础设施水平的一个指标，其中天津和上海的公路通车里程要高于中国香港和新加坡。

从表 5.4 的信息基础设施水平的总体评价和分阶段评价可以看出，新加坡和中国香港的信息基础设施水平较高，特别是新加坡的信息基础设施水平的关联度阈值达到了 0.93343 的最高值。相比之下，天津和上海的信息基础设施水平的总体评价较低；从交通基础设施水平的评价来看，天津处于较高的水平，要高于上海、香港和新加坡。这里基于选取指标的原因，由于香港和新加坡的特殊地理位置的原因，其公路通车里程要明显低于天津和上海，但也不能因此说明香港和新加坡的交通基础设施水平较低。

（五）航运产业发展程度评价

国际航运中心的所属类型与航运产业发展程度密切相关。其中，货物集聚型国际航运中心的制造业和物流业相对发达，而航运服务型国际航运中心航运服务业特别是高端航运服务业更为发达，全要素集聚型国际航运中心则二者兼备。因此，评价天津北方国际航运中心所属类型及演进过程，现阶段不同类型的航运产业发达程度是应考虑的重要指标。因此，这里选择 2001~2011 年的制造业发展水平、物流业发展水平和高端服务业发展水平指标对新加坡、中国香港、上海和天津四大港口进行单项指标比较评价和分阶段评价。具体结果见表 5.5。

表 5.5　航运产业发展程度的单项指标评价结果

地区	制造业发展水平	排名	2009~2011 年	2008~2005 年	2001~2004 年
新加坡	0.47655	3	0.45411	0.47273	0.49721
中国香港	0.33333	4	0.33333	0.33333	0.33333
上海	0.79153	2	0.68252	0.77413	0.8907
天津	1	1	1	1	1
地区	物流业发展水平	排名	2009~2011 年	2008~2005 年	2001~2004 年
新加坡	1	1	1	1	1
中国香港	0.52382	2	0.61453	0.45822	0.52139
上海	0.34167	4	0.33333	0.35625	0.33333
天津	0.49435	3	0.476	0.34948	0.65299
地区	高端服务业发展水平	排名	2009~2011 年	2008~2005 年	2001~2004 年
新加坡	0.69633	2	0.53757	0.58092	0.93081
中国香港	0.9716	1	0.99948	0.99953	0.92277
上海	0.55205	3	0.57617	0.4471	0.6389
天津	0.33334	4	0.33334	0.33334	0.33333

资料来源：作者根据 2001~2012 年的《香港统计年刊》《上海统计年鉴》《天津统计年鉴》和《新加坡统计年鉴》计算整理。

　　表 5.5 的评价结果显示，从制造业发展水平的总体评价看，天津的制造业发展水平最高，关联度阈值为 1，上海和新加坡次之，香港的制造业发展水平最低。从分阶段的评价结果来看，2001~2011 年天津的制造业发展水平均处于优势地位，上海和新加坡则呈现不断下降的趋势。从物流业发展水平的总体评价来看，新加坡的物流业发展水平最高，关联度阈值为 1，香港和天津次之，上海位列最后。从分阶段结果来看，新加坡的物流发展水平均超过其他三地，香港呈现波动上升的趋势，天津则呈现先大幅下降后小幅上升的态势。从高端服务业发展水平的总体评价来看，香港和新加坡的高端服务业平均发展水平较高，位列前茅，关联度阈值分别为 0.9716 和 0.69663，上海次之，天津最低。从分阶段评价结果来看，新加坡的高端服务业发展水平呈下降趋势。香港则呈现不断上升的变化趋势，而上海的高端服务业发展水平则呈现 U 型变化趋势，特别在 2009~2011 年，上海的高端服务业发展水平已

超过了新加坡。综上分析可知，天津的制造业发展水平总体较高，物流业发展具有一定的潜力，而高端服务业发展水平较低。

（六）航运产业集聚度评价

由前述分析可知，国际航运中心的形成及发展与不同类型的航运企业区位选择与区位再选择密切相关，因此应将航运产业集聚度指标作为天津北方国际航运中心形成过程的重要评价内容。这里，选取 2001~2011 年新加坡、中国香港、上海和天津的制造业、物流业与高端服务业集聚度进行单项指标评价和分阶段评价，具体结果见 5.6。

表 5.6 航运产业集聚度的单项指标评价结果

地区	制造业集聚度	排名	2009~2011 年	2008~2005 年	2001~2004 年
新加坡	0.43141	3	0.41473	0.44011	0.43521
中国香港	0.33333	4	0.33333	0.33333	0.33333
上海	0.99899	1	0.99632	1	0.99998
天津	0.73525	2	0.64365	0.77061	0.76859
地区	物流业集聚度	排名	2009~2011 年	2008~2005 年	2001~2004 年
新加坡	1	1	1	1	1
中国香港	0.39775	2	0.45235	0.37272	0.38184
上海	0.34582	4	0.37909	0.33334	0.33334
天津	0.37291	3	0.33335	0.40181	0.37368
地区	高端服务业集聚度	排名	2009~2011 年	2008~2005 年	2001~2004 年
新加坡	0.76356	2	0.77263	0.81883	0.70148
中国香港	0.98812	1	0.99999	0.96735	0.99999
上海	0.3666	3	0.36312	0.36968	0.36613
天津	0.33333	4	0.33333	0.33333	0.33333

资料来源：作者根据 2001~2012 年的《香港统计年刊》《上海统计年鉴》《天津统计年鉴》和《新加坡统计年鉴》计算整理。

从表 5.6 的总体评价结果可知，上海和天津的制造业集聚度相对较高，关联度阈值分别为 0.99899 和 0.73525，新加坡次之，香港最低。而新加坡的物流业集聚度最高，香港和天津的物流业集聚度次之，且高于上海的物流业集聚水平。在高端服务业集聚度方面，香港和新加坡具有较强的优势，灰色关联阈值分别为 0.98812 和 0.76356，相比之下上海和天津的高端服务业集聚水平较低。从分阶段的评价结果来看，2009~2011 年天津的制造业集聚度和物流业集聚度有所回落，且物流业集聚度已低于上海。而在高端服务业集聚的三阶段评价中天津均处于劣势地位，要显著低于香港、新加坡和上海。

（七）航运市场发达程度评价

航运市场发达程度的高低是影响国际航运中心形成与发展的重要因素。本书将从金融行业规模、市场融资能力、航运交易水平和金融服务水平四大方面来考察国际航运中心的航运市场发达程度。基于航运交易水平数据的可得性，这里将选取 2001~2011 年的新加坡、中国香港、上海和天津的金融行业规模、市场融资能力与金融服务水平指标数据对天津北方国际航运中心的演进过程进行单项指标评价和分阶段评价，具体结果见表 5.7。

表 5.7　航运市场发达程度的单项指标评价结果

地区	金融行业规模	排名	2009~2011 年	2008~2005 年	2001~2004 年
新加坡	0.36491	2	0.39728	0.36931	0.33624
中国香港	1	1	1	1	1
上海	0.3362	3	0.33575	0.33459	0.33814
天津	0.33446	4	0.33333	0.33333	0.33644
地区	市场融资能力	排名	2009~2011 年	2008~2005 年	2001~2004 年
新加坡	0.61419	3	0.48736	0.61188	0.71161
中国香港	0.84573	1	0.52488	0.93211	1
上海	0.81985	2	1	0.91471	0.58987
天津	0.33333	4	0.33333	0.33333	0.33333
地区	金融服务能力	排名	2009~2011 年	2008~2005 年	2001~2004 年
新加坡	0.59094	3	0.45058	0.59884	0.68831
中国香港	0.80916	2	0.47283	0.87057	1
上海	0.87929	1	1	0.9958	0.67226
天津	0.33333	4	0.33333	0.33333	0.33333

资料来源：作者根据 2001~2012 年的《香港统计年刊》《上海统计年鉴》《天津统计年鉴》和《新加坡统计年鉴》计算整理。

从表 5.7 的总体评价可知，就金融行业规模而言，中国香港的金融行业规模较大，关联度阈值分别为 1，新加坡和上海次之，而天津的金融行业规模平均水平较低；就市场融资能力而言，香港和上海的总体水平位于前两名，关联度阈值分别为 0.84573 和 0.81985，新加坡次之，关联度阈值为 0.61419，显著高于天津的融资能力；就金融服务能力而言，上海和香港的金融服务能力总体较高，关联度阈值分别为 0.879029 和 0.80916，新加坡次之，天津最低。从分阶段的评价结果来看，与香港和新加坡不同，上海在市场融资能力和金融服务能力方面呈现逐渐递增的态势，相比之下天津则在金融行业规模、市场融资能力和金融服务能力方面不具备优势。

（八）地区创新能力评价

地区创新能力为国际航运中心的形成与发展提供了知识和技术的支持，是评价国际航运中心的又一重要指标。这里，选取 2001~2011 年的新加坡、中国香港、上海和天津的人均专利申请量表示技术创新能力指标，对天津北方国际航运中心进行单项指标评价和分阶段评价，具体结果见 5.8。

表 5.8　地区创新能力的单项指标评价结果

地区	技术创新能力	排名	2009~2011 年	2008~2005 年	2001~2004 年
新加坡	0.338	4	0.33334	0.34155	0.33795
中国香港	0.7406	2	0.36877	0.76014	0.99994
上海	0.83219	1	0.99989	0.89859	0.64003
天津	0.38859	3	0.43458	0.38076	0.36192

资料来源：作者根据 2001~2012 年的《香港统计年刊》《上海统计年鉴》《天津统计年鉴》和《新加坡统计年鉴》计算整理。

注：这里以人均专利申请量作为技术创新能力的衡量指标，其中新加坡的专利授权量、专利申请量、人均专利申请量以及研发（R&D）支出占 GDP 比重均低于上海、天津和香港。

从表 5.8 可知，就技术创新能力而言，上海和香港技术创新能力的总体水平较高，[①]关联度阈值分别为 0.83219 和 0.7406，显著高于新加坡和天津的技术创新能力。从分阶段评价结果来看，天津和上海的技术创新能力呈现不断上升的趋势，但上海技术创新能力的上升速度要明显高于天津。[②]但是要

[①] 由中国社会科学院财政与贸易研究所倪鹏飞博士牵头，国内著名高校、国家权威统计部门和地方科研院所近百名专家联合完成的《2009 年中国城市竞争力蓝皮书：中国城市竞争力报告》显示，上海市的科技创新能力指数最高，是企业研发效率高的城市。

[②] 由科学出版社出版发行的《中国区域创新能力报告 2012》显示，上海、北京、天津、江苏、广东和浙江 6 个地区进入创新型地区，成为我国经济发展和创新发展最好的地区。其中，北京、上海、天津的创新效率远领先于其他地区。资料来源：http://www.enorth.com.cn。

强调的是，新加坡的排名靠后并不意味着其技术创新能力的落后，只是评价指标选取和数据采集造成的结果。事实上，按照由"制度环境""人力资本、培训和社会共融性""规管和法规架构""研究发展""资讯和沟通科技应用"等指标组成的创新能力指数排名，新加坡位于中国香港和中国内地之前。①

（九）政府政策倾向评价

国际航运中心的形成与发展离不开政府政策的有力支持。这里，以宏观税率水平指标来衡量国际航运中心所在地区的政府政策倾向。由于宏观税率水平的变化趋势与国际航运中心的发展成反方向变动，因此经过处理后的数据可用来衡量政府的政策优惠力度。这里，选取 2001~2011 年的新加坡、中国香港、上海和天津的宏观税负水平指标对天津北方国际航运中心进行单项指标评价和分阶段评价，具体结果见 5.9。

表 5.9　政府政策倾向的单项指标评价结果

地区	政策优惠力度	排名	2009~2011 年	2008~2005 年	2001~2004 年
新加坡	0.43716	3	0.58529	0.4251	0.33333
中国香港	0.47993	2	0.52931	0.38797	0.57395
上海	0.3439	4	0.33333	0.33333	0.38618
天津	0.99999	1	0.99999	1	1

资料来源：作者根据 2001~2012 年的《香港统计年刊》《上海统计年鉴》《天津统计年鉴》和《新加坡统计年鉴》计算整理。

注：这里是以政府财政收入中的一般预算性收入占国内生产总值的比重来衡量一个地区的宏观税负水平，且宏观税负水平与政策优惠力度呈现反方向变动。根据所获得的四个地区的统计数据显示，天津的一般预算性收入占 GDP 比重要低于香港、新加坡和上海。

从表 5.9 的总体评价可知，由于上海的宏观税负水平较高，所以其政策优惠力度不及中国香港、新加坡和天津。这里的数据主要用来说明上述地区的宏观税负水平的高低，相比之下天津的宏观税负水平要低于新加坡和香港，但这并不能说明新加坡和香港的政策优惠力度要低于天津。特别是在航运政策的制定以及航运环境的营造等方面，新加坡和中国香港均具有较高的力度，如口岸监管、专项基金与扶持政策、自由港政策以及航运税费优惠政策等，

---

① 根据欧洲商学院公布的 2009~2010 年创新发展报告，创新能力指数最强的 10 大国家和地区依次为瑞典、芬兰、美国、瑞士、荷兰、新加坡、加拿大、英国、挪威和新西兰，中国香港排名第 16，中国内地排名第 65。　.

均是天津和上海所不能及的。从分阶段评价结果来看，天津的宏观税负水平一直处于较低水平，香港和新加坡在最近两个阶段均呈现下降的趋势，而上海仍呈现上升的趋势。

综上所述，通过对新加坡、中国香港、上海和天津国际航运中心的单项评价指标进行对比可以发现：首先，天津北方国际航运中心在交通基础设施水平、制造业发展水平、制造业集聚程度以及政策优惠力度等单项指标方面具有明显的优势，关联度阈值较高；其次，天津北方国际航运中心在腹地经济状况、港口能力、集疏运能力、信息基础设施水平、航运市场发达程度等方面表现出明显劣势，总体评价的关联度阈值远低于新加坡、中国香港和上海；最后，在航运产业发展评价方面，天津的制造业发展水平和集聚程度较高且具有显著的关联性，物流业发展方面具备一定的潜力，取得了显著的进展，但是在高端服务业发展方面处于明显劣势地位，整体发展水平不高，亟待加强。

二、天津北方国际航运中心发展水平综合评价

通过对新加坡、中国香港、上海和天津国际航运中心进行单项指标评价比较，可以发现天津北方国际航运中心在单个指标因素上的优势和劣势。下面以2011年的统计数据为基础对中国香港、新加坡、上海和天津国际航运中心进行综合评价，从而明确天津北方国际航运中心现阶段所属的类型。

（一）综合评价指标权重的确定

全要素集聚型国际航运中心同时具备货运和综合服务的双重功能，也是国际航运中心发展的主流方向。为了更客观地评价天津北方国际航运中心的发展水平，本书首先采用突出局部差异的均方差法对全要素集聚型国际航运中心的指标进行赋权。该方法的基本原理如（5.5）式所示：

$$\omega_j = \frac{\sigma_j}{\sum_{k=1}^{m} \sigma_k} \quad j = 1, 2, \cdots, m \tag{5.5}$$

$$\sigma = \frac{1}{n} \sum_{i=1}^{n} \left(y_{ij} - \overline{y_i} \right)^2 \quad j = 1, 2, \cdots, m \tag{5.6}$$

$$\overline{y_i} = \frac{1}{n} \sum_{i=1}^{n} y_{ij} \quad j = 1, 2, \cdots, m \tag{5.7}$$

其中，ω_j 为国际航运中心发展水平评价指标体系中的第 j 项指标的赋值权重，y_{ij} 表示第 i 个评价地区的第 j 项评价指标的具体样本值，n 表示被评价地区的数量，m 表示为指标的数量。这里，$n=4$，$m=25$。

通过对表 5.2 的指标数据运用局部差异的均方差法可确定的国际航运中心发展水平指标权重，具体结果见表 5.10 所示。25 个国际航运中心发展水平评价指标的权重大小依次为：信息基础设施水平>城市综合实力>服务企业集聚度>集装箱吞吐量>物流业发展水平>腹地经济实力>金融行业规模>货物吞吐量>码头长度>港口运输服务水平>水路货运能力>交通基础设施水平>航空货运能力>贸易比率>万吨级泊位数>制造企业集聚度>工业发展水平>地区创新能力>航运交易水平>物流企业集聚度>金融服务水平>政策优惠力度>航空运输服务水平>服务业发展水平>市场融资能力。其中，地区的信息基础设施水平、城市综合实力、服务企业集聚度、以集装箱吞吐量为代表的港口发展水平、物流业发展水平、腹地经济实力以及金融行业规模等指标的权重较高。这也说明，全要素集聚型国际航运中心的发展水平主要受到上述因素的影响，与之前的理论分析是一致的。

表 5.10　全要素集聚型国际航运中心发展水平指标权重

指标	腹地经济状况			港口能力指标			
	实际 GDP	人均实际 GDP	贸易比率	货物吞吐量	集装箱吞吐量	万吨级泊位数	码头长度
标准差	0.30966	0.29423	0.27581	0.28284	0.30544	0.26923	0.28217
权重	0.04471	0.04248	0.03982	0.04083	0.0441	0.03887	0.04074
排序	2	6	14	8	4	15	9

指标	集疏运能力指标		运输服务水平指标			
	水路货运能力	航空货运能力	信息基础设施水平	交通基础设施水平	港口运输服务水平	航空运输服务水平
标准差	0.28061	0.27911	0.32193	0.27973	0.28197	0.24817
权重	0.04051	0.04029	0.04648	0.04038	0.04071	0.03583
排序	11	13	1	12	10	23

指标	航运市场发达程度指标				航运产业集聚度指标		
	金融行业规模	市场融资能力	航运交易水平	金融服务水平	制造企业集聚度	物流企业集聚度	服务企业集聚度
标准差	0.28531	0.24771	0.26087	0.2531	0.2687	0.25564	0.30953
权重	0.04119	0.03576	0.03766	0.03654	0.03879	0.03691	0.04469
排序	7	25	19	21	16	20	3

指标	航运产业发展水平指标			地区创新能力指标	政府政策倾向指标
	工业发展水平	物流业发展水平	服务业发展水平	技术创新能力	政策优惠力度
标准差	0.26679	0.30025	0.24842	0.26679	0.25268
权重	0.03852	0.04335	0.03586	0.03852	0.03648
排序	17	5	24	18	22

资料来源：作者根据 2001~2012 年的《香港统计年刊》《上海统计年鉴》《天津统计年鉴》和《新加坡统计年鉴》计算整理。

注：运用突出局部差异的均方差法确定。

货物集聚型和航运服务型国际航运中心分别作为国际航运中心发展的初级阶段和高级阶段，各自体现的特征较为明显。其中，货物集聚型国际航运中心以提供货物运输服务为主，制造业发展水平较高，航运生产型企业和航运物流型企业的集聚特征较为明显，但航运服务能力较弱。而航运服务型国际航运中心则是以发展高端航运服务业为主，航运服务型企业集聚度较高，航运市场更为发达，但货物运输服务功能已明显下降。

因此，基于两类国际航运中心的特殊性的考虑，需要突出代表性指标的重要性，并体现各指标之间的权重赋值的差异，本书采用层次分析法对货物集聚型国际航运中心和航运服务型国际航运中心的指标进行赋权，下面详细说明层次分析法在国际航运中心发展水平评价指标赋权中的应用。

利用层次分析法对国际航运中心发展水平指标赋权，首先应建立在对货物集聚型和航运服务型国际航运中心发展特征充分分析的基础上，构造国际航运中心发展水平指标的递阶层次结构，如图 5.2 所示，依据层次分析法的基本思想构造如下：

第一层为目标层，即为决策问题的最终目标，设定为"国际航运中心发展水平"。

第二层为准则层，包括实现最终目标"国际航运中心发展水平"的各个衡量指标。这里将腹地经济状况、港口能力、集疏运能力、运输服务水平、航运市场发达程度、航运产业集聚度、航运产业发展水平、地区创新能力、政府政策倾向等因素作为准则层。

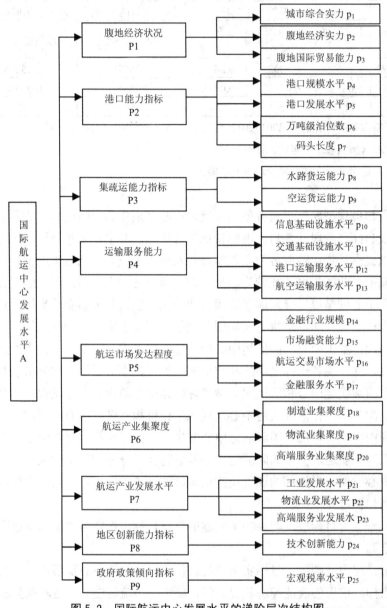

图 5.2 国际航运中心发展水平的递阶层次结构图

第三层为子准则层，准则层中的各个因素中的具体评价指标构成了子准

140

则。这里，城市综合实力、腹地经济实力和腹地国际贸易能力等要素都会影响腹地经济状况的评价高低，因此作为腹地经济状况因素的子准则；而地区的港口规模水平、港口发展水平以及港口生产能力等要素可作为港口能力因素的子准则；水路货运能力和航空货运能力的不同都会影响集疏运能力的大小，因此将这 4 个要素作为集疏运能力因素的子准则；同样，所在地区的信息基础设施水平、交通基础设施水平、港口运输服务水平和航运运输服务水平的高低也会影响航运中心的运输服务水平，因此这 4 个因素可作为运输服务水平的子准则；而航运市场发达程度指标选择金融行业规模、市场融资能力、航运交易水平以及金融服务水平作为子准则；选择制造业集聚度、物流业集聚度、高端服务业集聚度作为航运产业集聚度的子准则；选择工业发展水平、物流业发展水平和高端服务业发展水平作为航运产业发展水平的子准则；此外，地区创新能力因素选择常用的技术创新能力指标为子准则；最后，政府政策倾向选用政策优惠力度作为子准则。

其次，构造判断矩阵，通过对同一层次的要素进行两两比较，从而确定判断矩阵的各个元素。元素 P_{ij} 表示要素 P_i 对 P_j 的相对重要性建立判断矩阵如下：

$$\begin{bmatrix} P_{11} & P_{12} & \cdots & P_{1j} \\ P_{21} & P_{22} & \cdots & P_{2j} \\ \cdots & \cdots & \cdots & \cdots \\ P_{i1} & P_{i2} & \cdots & P_{ij} \end{bmatrix}$$

再次，确定判断尺度，即代表指标 P_i 对 P_j 的相对重要性的数量尺度，本书采用专家评价法来评判尺度。具体判断尺度的定义如表 5.11 所示。

表 5.11　判断尺度的确定

判断尺度（P_{ij}）	定义
1	P_i 和 P_j 同样重要
3	P_i 比 P_j 稍微重要
5	P_i 比 P_j 明显重要
7	P_i 比 P_j 强烈重要
9	P_i 比 P_j 极端重要
2、4、6、8	介于上述两个相邻判断尺度中间值

资料来源：赵静. 数学建模与数学实验. 北京：高等教育出版社，2000。

最后，进行权重的计算和一致性检验。根据层次分析法的理论，运用方根法来确定指标权重值。具体过程如下：

（1）计算判断矩阵每一行元素的乘积 L_i，$L_i = \prod_{j=1}^{n} p_{ij}$，$i = 1, 2, \cdots, n$；（2）计算 L_i 的 n 次方根，$\overline{V}_i = \sqrt[n]{L_i}$；（3）对向量 $\overline{V} = \left[\overline{V}_1, \overline{V}_2, \cdots, \overline{V}_n\right]^T$ 进行正规化处理，即 $V_i = \dfrac{\overline{V}_i}{\sum_{j=1}^{n} \overline{V}_i}$，则 $V = \left[V_1, V_2, \cdots, V_n\right]^T$ 为所求的特征向量；（4）计算判断矩阵的最大特征值 $\chi_{\max}$，$\chi_{\max} = \sum_{i=1}^{n} \dfrac{(AV)_i}{nV_i}$，其中 $(AV)_i$ 为向量的第 i 个元素，A 为判断矩阵。

此外，要求判断矩阵具有一致性，因此要对其相容性和误差进行一致性检验。具体来说：（1）设相容性指标为 CI （Consistency Index），则 $CI = \dfrac{\chi_{\max} - n}{n - 1}$；（2）平均随机一致性指标 RI （Random Index），得出一致性比例为 $CR = \dfrac{CI}{RI}$；（3）通常情况下，只有当 CR （Consistency Ratio）< 0.1 时，才认为判断矩阵有相容性，由此得到的 V 值可以接受。

根据以上阐述，分别得到货物集聚型和航运服务型国际航运中心发展水平的判断矩阵和每个影响指标的判断矩阵，所有的矩阵均通过一致性检验。基于篇幅的考虑，此处只给出准则层的指标判断矩阵，如表 5.12 和表 5.13 所示。

表 5.12　货物集聚型国际航运中心发展水平的准则层指标的判断矩阵和权重

A	P1	P2	P3	P4	P5	P6	P7	P8	P9	权重
P1	1	2	3	2	6	4	4	7	4	0.2774
P2	1/2	1	2	1	4	3	2	6	3	0.1718
P3	1/3	1/2	1	1/2	3	2	2	3	2	0.1068
P4	1/2	1	2	1	4	3	2	4	3	0.1642
P5	1/6	1/4	1/3	1/4	1	1/2	1/2	3	1/3	0.04
P6	1/4	1/3	1/2	1/3	2	1	1/2	3	1	0.0615
P7	1/4	1/2	1/2	1/2	2	2	1	4	1	0.081
P8	1/7	1/6	1/3	1/4	1/3	1/4	1/4	1	1/5	0.0238
P9	1/4	1/3	1/2	1/3	3	1	1	5	1	0.0735

资料来源：作者研究整理，原始数据来源于 2001~2012 年的《香港统计刊》《上海统计年鉴》《天津统计年鉴》和《新加坡统计年鉴》。

其中，χ_{max} = 11.42605，CI = 0.034302，RI =1.45，CR = 0.023657 < 0.1，一致性检验结果可以接受。

表 5.13　航运服务型国际航运中心发展水平的准则层指标的判断矩阵和权重

A	P1	P2	P3	P4	P5	P6	P7	P8	P9	权重
P1	1	2	3	1/3	1/5	1/4	1/2	2	4	0.0787
P2	1/2	1	2	1/4	1/6	1/5	1/3	1	3	0.0512
P3	1/3	1/2	1	1/5	1/7	1/6	1/4	1/2	2	0.0338
P4	3	4	5	1	4	1/2	1/3	4	5	0.1831
P5	5	6	7	1/4	1	2	4	6	7	0.2582
P6	4	5	6	1/3	1/2	1	3	5	6	0.2003
P7	2	3	4	1/2	1/4	1/3	1	4	5	0.1215
P8	1/2	1	2	1/5	1/6	1/5	1/4	1	3	0.0483
P9	1/4	1/3	1/2	1/5	1/7	1/6	1/5	1/3	1	0.025

资料来源：作者研究整理，原始数据来源于 2001~2012 年的《香港统计年刊》《上海统计年鉴》《天津统计年鉴》和《新加坡统计年鉴》。

其中，χ_{max} =11.48071，CI =0.065444，RI =1.45，CR =0.04513 < 0.1，一致性检验结果可以接受。

将已确定的货物集聚型和航运服务型国际航运中心发展水平准则层和子准则层的指标权重相乘进行合成，得到两种类型国际航运中心的发展水平评价指标的权重，具体见表 5.14 和表 5.15。

表 5.14　运用层次分析法确定的货物集聚型国际航运中心发展水平指标权重

指标	腹地经济状况（0.2774）			港口能力（0.1718）			
	实际 GDP	人均实际 GDP	贸易比率	货物吞吐量	集装箱吞吐量	万吨级泊位数	码头长度
权重	0.5397	0.297	0.1634	0.1312	0.4546	0.3214	0.0928
合成权重	0.1497	0.0824	0.0453	0.0225	0.0781	0.0552	0.0159
排序	1	2	9	15	4	7	19

143

指标	集疏运能力（0.1068）		运输服务水平（0.1642）			
	水路货运能力	航空货运能力	信息基础设施水平	交通基础设施水平	港口运输服务水平	航空运输服务水平
权重	0.75	0.25	0.1759	0.463	0.2753	0.0854
合成权重	0.0801	0.0267	0.0289	0.076	0.0452	0.014
排序	3	13	12	5	10	20

指标	航运市场发达程度（0.04）				航运产业集聚度（0.0615）		
	金融行业规模	市场融资能力	航运交易水平	金融服务水平	制造企业集聚度	物流企业集聚度	服务企业集聚度
权重	0.1569	0.4832	0.2717	0.0882	0.5695	0.3331	0.0974
合成权重	0.0063	0.0193	0.0109	0.0035	0.035	0.0205	0.006
排序	23	18	21	25	11	17	24

指标	航运产业发展水平（0.081）			地区创新能力（0.024）	政府政策倾向（0.0735）
	工业发展水平	物流业发展水平	服务业发展水平	技术创新能力	政策优惠力度
权重	0.2684	0.6144	0.1172	1	1
合成权重	0.0217	0.0498	0.0095	0.024	0.0735
排序	16	8	22	14	6

资料来源：作者研究整理，原始数据来源于 2001~2012 年的《香港统计年刊》《上海统计年鉴》《天津统计年鉴》和《新加坡统计年鉴》。

表 5.15　运用层次分析法确定的航运服务型国际航运中心发展水平指标权重

指标	腹地经济状况（0.0787）			港口能力（0.0512）			
	实际 GDP	人均实际 GDP	贸易比率	货物吞吐量	集装箱吞吐量	万吨级泊位数	码头长度
权重	0.3197	0.5585	0.122	0.1603	0.4669	0.2776	0.0953
合成权重	0.0252	0.044	0.0096	0.0082	0.0239	0.0142	0.0049
排序	14	9	22	24	16	19	25
指标	集疏运能力（0.0338）		运输服务水平（0.183）			
	水路货运能力	航空货运能力	信息基础设施水平	交通基础设施水平	港口运输服务水平	航空运输服务水平
权重	0.25	0.75	0.2904	0.0587	0.4756	0.1755
合成权重	0.0085	0.0254	0.0531	0.0107	0.087	0.0321
排序	23	13	7	20	2	12

指标	航运市场发达程度（0.2582）				航运产业集聚（0.2003）		
	金融行业规模	市场融资能力	航运交易水平	金融服务水平	制造企业集聚度	物流企业集聚度	服务企业集聚度
权重	0.2329	0.545	0.1385	0.0837	0.0936	0.2797	0.6267
合成权重	0.0602	0.1408	0.0358	0.0216	0.0188	0.056	0.1255
排序	5	1	10	17	18	6	3

指标	航运产业发展水平（0.1215）			地区创新能力（0.0483）	政府政策倾向（0.025）
	工业发展水平	物流业发展水平	服务业发展水平	技术创新能力	政策优惠力度
权重	0.0852	0.2706	0.6442	1	1
合成权重	0.0104	0.0329	0.0783	0.0483	0.025
排序	21	11	4	8	15

资料来源：作者研究整理，原始数据来源于 2001~2012 年的《香港统计年刊》《上海统计年鉴》《天津统计年鉴》和《新加坡统计年鉴》。

从表 5.14 可知，货物集聚型国际航运中心发展水平评价指标中的地区优惠政策、城市综合实力、腹地经济实力、港口发展水平、水路货运能力、交通基础设施水平、万吨级泊位数和物流业发展水平等指标权重较大，是较为重要的评价因素；从表 5.15 可知，航运服务型国际航运中心发展水平评价指标中的市场融资能力、港口运输服务水平、服务企业集聚度、信息基础设施水平、服务业发展水平、金融行业规模、物流企业集聚度以及技术创新能力等指标是评价其发展水平的重要评价因素。

（二）全要素集聚型国际航运中心的综合评价

下面运用灰色关联分析方法对天津、新加坡、中国香港和上海国际航运中心发展水平进行评价。根据（5.1）式、（5.3）式和表 5.12 提供的指标权重值，使用 2011 年天津、新加坡、中国香港和上海的指标值来测算四大国际航运中心的发展水平，具体结果见表 5.16。

全要素集聚型国际航运中心发展水平的综合评价结果显示，新加坡国际航运中心和香港国际航运中心发展水平的综合评价结果具有显著性，通过了灰色关联系数大于 0.6 的检验，综合评价值分别为 0.67409 和 0.62462。因此，新加坡国际航运中心和香港国际航运中心均属于全要素集聚型国际航运中心，其中新加坡国际航运中心和香港国际航运中心发展水平较高。与之相比，上海国际航运中心和天津北方国际航运中心发展水平的综合评价结果分别为 0.56705 和 0.44834，低于 0.6 的临界值，不具有显著性，因此上海国际航运中心和天津北方国际航运中心尚不属于全要素集聚型国际航运中心，但现阶段上海国际航运中心较为接近全要素集聚型国际航运中心。

表 5.16   全要素集聚型国际航运中心发展水平综合评价结果

地区	国际航运发展水平综合评价值	排名
新加坡	0.67409	1
中国香港	0.62462	2
上海	0.56705	3
天津	0.44834	4

资料来源：作者研究整理，原始数据来源于 2012 年的《香港统计年刊》《上海统计年鉴》《天津统计年鉴》和《新加坡统计年鉴》。

根据表5.17提供的全要素集聚型国际航运中心发展水平的一级指标评价结果显示：在腹地经济状况、集疏运能力、港口能力、运输服务水平、航运产业集聚度等方面天津北方国际航运中心的实力与新加坡国际航运中心还有较大差距，处于较低的水平；在航运市场发达程度方面，香港和上海优势明显，而天津的发展水平较低，与之差距较大；在地区创新能力方面，上海国际航运中心位于绝对高的水平，相比之下天津北方国际航运中心与香港国际航运中心、新加坡国际航运中心的水平相当，差距并不明显；在航运产业发展水平方面，天津北方国际航运中心在综合评价中位于第三的位置，仍具有一定的发展空间；在政府政策倾向方面，目前天津北方国际航运中心的政策优惠力度位于首位，高于其他 3 个国际航运中心，这也说明现阶段天津建设北方国际航运中心具有一定的政策支持力度，具有建立国际航运中心的优越的政策条件。

表 5.17　全要素集聚型国际航运中心发展水平的一级指标评价结果

地区	腹地经济状况	排名	集疏运能力	排名	港口能力	排名
新加坡	0.1147	1	0.0615	1	0.1134	1
中国香港	0.0943	2	0.0545	2	0.0739	3
上海	0.0462	3	0.0297	3	0.1093	2
天津	0.0424	4	0.0269	4	0.0643	4
地区	运输服务水平	排名	航运市场发达程度	排名	航运产业集聚度	排名
新加坡	0.1176	1	0.0635	3	0.0904	1
中国香港	0.0867	3	0.1131	1	0.0752	2
上海	0.0917	2	0.1088	2	0.0705	3
天津	0.0814	4	0.054	4	0.0518	4
地区	航运产业发展水平	排名	地区创新能力	排名	政府政策倾向	排名
新加坡	0.0786	2	0.0128	4	0.0216	2
中国香港	0.0907	1	0.0152	3	0.021	3
上海	0.0603	4	0.0385	1	0.0122	4
天津	0.069	3	0.022	2	0.0365	1

资料来源：作者研究整理，原始数据来源于 2012 年的《香港统计年刊》《上海统计年鉴》《天津统计年鉴》和《新加坡统计年鉴》。

注：政府政策倾向主要反映的是政策优惠力度，与宏观税负水平呈反方向变动。

（三）货物集聚型国际航运中心的综合评价

以货物集聚型国际航运中心为基本条件，运用灰色关联分析的方法对天津、新加坡、香港和上海国际航运中心发展水平进行综合评价。同样，根据（5.1）式、（5.3）式和表 5.14 提供的指标合成权重值，使用 2011 年天津、新加坡、香港和上海的指标值来测算四大国际航运中心的发展水平，具体结果见表 5.18。

表 5.18　货物集聚型国际航运中心发展水平综合评价结果

地区	国际航运发展水平综合评价值	排名
新加坡	0.7633	1
中国香港	0.597	2
上海	0.4996	3
天津	0.4807	4

资料来源：作者研究整理，原始数据来源于 2012 年的《香港统计年刊》《上海统计年鉴》《天津统计年鉴》和《新加坡统计年鉴》。

货物集聚型国际航运中心发展水平综合评价结果显示，新加坡国际航运中心发展水平的灰色关联阈值为 0.7633，具有显著性，通过了灰色关联系数大于 0.6 的检验。香港国际航运中心发展水平的灰色关联阈值次之，上海国际航运中心和天津北方国际航运中心发展水平相对较低。从四大国际航运中心发展水平比较来看，只有新加坡国际航运中心的评价结果符合货物集聚型国际航运中心的整体水平，而香港则较为接近货物集聚型国际航运中心的发展水平。就天津的评价结果而言，现阶段天津北方国际航运中心更为接近货物集聚型国际航运中心。

根据表 5.19 提供的货物集聚型国际航运中心发展水平的一级指标评价结果显示：天津北方国际航运中心在运输服务水平、地区创新能力和地区政策倾向等方面具有相对优势；在航运产业集聚程度和航运产业发展水平方面，虽然落后于新加坡，但差距不大；但在港口能力和腹地经济状况方面，天津与新加坡的差距较大，处于明显劣势地位；而在集疏运能力评价方面，新加坡的评价水平最高，香港和上海次之，而天津的评价水平较低。

表 5.19　货物集聚型国际航运中心发展水平的一级指标评价结果

地区	腹地经济状况	排名	集疏运能力	排名	港口能力	排名
新加坡	0.2634	1	0.093	1	0.1267	1
中国香港	0.1953	2	0.0548	2	0.0887	3
上海	0.0983	3	0.0528	3	0.1064	2
天津	0.0926	4	0.0356	4	0.0683	4
地区	运输服务水平	排名	航运市场发达程度	排名	航运产业集聚度	排名
新加坡	0.1067	1	0.0177	3	0.04	2
中国香港	0.0853	3	0.0286	2	0.0274	4
上海	0.0799	4	0.0315	1	0.0456	1
天津	0.1054	2	0.0144	4	0.031	3
地区	航运产业发展水平	排名	地区创新能力	排名	政府政策倾向	排名
新加坡	0.0643	2	0.008	4	0.0436	2
中国香港	0.065	1	0.01	3	0.0424	3
上海	0.0367	4	0.024	1	0.0245	4
天津	0.0463	3	0.0137	2	0.0735	1

资料来源：作者研究整理，原始数据来源于 2012 年的《香港统计年刊》《上海统计年鉴》《天津统计年鉴》和《新加坡统计年鉴》。

（四）航运服务型国际航运中心的综合评价

以航运服务型国际航运中心为基本条件，运用灰色关联分析的方法对天津、新加坡、香港和上海国际航运中心发展水平进行综合评价。类似地，根据（5.1）式、（5.3）式和表 5.15 提供的指标合成权重值，使用 2011 年天津、新加坡、香港和上海的指标值来测算四大国际航运中心的发展水平，具体结果见表 5.20。

表 5.20　航运服务型国际航运中心发展水平综合评价结果

地区	国际航运发展水平综合评价值	排名
新加坡	0.69127	2
中国香港	0.7041	1
上海	0.55883	3
天津	0.38688	4

资料来源：作者研究整理，原始数据来源于 2012 年的《香港统计年刊》《上海统计年鉴》《天津统计年鉴》和《新加坡统计年鉴》。

航运服务型国际航运中心发展水平综合评价结果显示，香港国际航运中心发展水平综合评价值最高，灰色关联阈值达到了 0.7041，说明它已具备了航运服务型国际航运中心的基本条件，且发展水平较高；新加坡国际航运中心发展水平综合评价值次之，灰色关联阈值为 0.69127，通过了灰色关联系数 0.6 的显著性检验；相比之下，上海国际航运中心和天津北方国际航运中心的发展水平较低，特别是天津北方国际航运中心发展水平综合评价值仅为 0.38688，说明其与航运服务型国际航运中心差距较大。

根据表 5.21 提供的航运服务型国际航运中心发展水平的一级指标评价结果显示：对于国际航运中心发展起到主要影响作用的经济腹地状况、运输服务水平、航运市场发展程度、航运产业集聚度和航运产业发展水平等指标，天津北方国际航运中心与香港国际航运中心、新加坡国际航运中心相比存在明显差距，原因在于中国香港和新加坡的航运服务业特别是高端航运服务业的发展水平较高，航运市场较为发达，而这正是航运服务型国际航运中心发展水平的重要评价因素；而在集疏运能力和港口能力等因素方面，天津与香港、上海和新加坡的差距并不明显；在地区创新能力方面，天津和上海的创新水平位于前列，新加坡和中国香港的创新水平相当；在政府政策倾向方面，天津的位次要显著高于新加坡、上海和香港，这也是天津建设北方国际航运中心的优势所在。

表 5.21　航运服务型国际航运中心发展水平的一级指标评价结果

地区	腹地经济状况	排名	集疏运能力	排名	港口能力	排名
新加坡	0.0758	1	0.0208	3	0.0391	1
中国香港	0.0512	2	0.0284	1	0.0268	3
上海	0.0274	3	0.0245	2	0.0304	2
天津	0.0263	4	0.0113	4	0.02	4
地区	运输服务水平	排名	航运市场 发达程度	排名	航运产业 集聚度	排名
新加坡	0.1604	1	0.1184	3	0.1691	1
中国香港	0.1148	2	0.1773	2	0.1584	2
上海	0.0672	3	0.2041	1	0.0883	3
天津	0.0641	4	0.0895	4	0.0724	4
地区	航运产业 发展水平	排名	地区创新能力	排名	政府政策倾向	排名
新加坡	0.0768	2	0.0161	4	0.0148	2
中国香港	0.1137	1	0.0191	3	0.0144	3
上海	0.0603	3	0.0483	1	0.0083	4
天津	0.0506	4	0.0276	2	0.025	1

资料来源：2012 年的《香港统计年刊》《上海统计年鉴》《天津统计年鉴》和《新加坡统计年鉴》。

综上所述，基于国际航运中心的不同类型考虑，以全要素集聚型、货物集聚型和航运服务型国际航运中心为条件，分别对新加坡、香港、上海和天津国际航运中心进行综合评价。综合三种评价结果来看，现阶段新加坡国际航运中心、香港国际航运中心的发展水平符合全要素集聚型和航运服务型。此外，新加坡国际航运中心的发展水平还符合货物集聚型。上海国际航运中心的发展水平处于符合全要素集聚型国际航运中心发展水平的边缘，并不符合货物集聚型和航运服务型国际航运中心。天津北方国际航运中心的发展水平相对较低，尚不属于以上 3 种类型，从发展水平评价结果来看天津的发展水平更为接近货物集聚型国际航运中心，与全要素集聚型和航运服务型国际航运中心差距较大。

从 3 种综合评价的一级指标结果来看，天津在政府政策倾向方面具有明显优势，而在航运产业发展水平方面具有制造业发展水平较高的相对优势；在集疏运能力和地区创新能力方面，天津与中国香港、新加坡和上海的发展水平相当，差距较小；但在航运市场发达程度、航运产业集聚度、港口能力、运输服务水平以及腹地经济状况方面，天津与其他3个地区的差距较大。

三、天津建设北方国际航运中心的评价结果分析

（一）综合评价结果分析

在基于灰色关联分析方法对国际航运中心发展水平进行评价的结果中，新加坡和中国香港名列前茅，属于全要素集聚型和航运服务型国际航运中心，其中新加坡国际航运中心发展水平最高；上海国际航运中心的发展水平居中；排在最后的是天津北方国际航运中心，其发展水平的评价结果更为接近于货物集聚型国际航运中心。

中国香港作为亚洲的最为重要的国际航运中心和国际金融中心，除了政府政策倾向、港口能力、运输服务水平、地区创新能力位列第三之外，腹地经济状况、集疏运能力、航运市场发达程度、航运产业集聚度、航运产业发展水平等因素均处于前两名，其中航运产业发展水平在3种类型国际航运中心的条件下均位列第一，这与其优越的自然条件、天然的自由港以及成熟的航运服务业是密切相关的；同时，香港港在集装箱港口的海运量方面一直维持较高的地位，在2010年和2011年均处于全球集装箱吞吐量的前三名。

上海不但是我国沿海重要的枢纽港，也是我国的金融中心，除了在运输服务水平、航运产业发展水平和政府政策倾向等因素的评价排名靠后外，上海以其基本形成的规模集约、高效便捷、结构合理的集疏运体系和国际航空枢纽港的优势，在集疏运能力上具有较强优势；在港口能力、腹地经济状况、航运产业集聚度等方面具有相对优势，而在四大国际航运中心的比较中，上海的航运市场发达程度和地区创新能力显现出绝对优势，处于前两名。整体来看，上海国际航运中心与新加坡国际航运中心、香港国际航运中心相比还有很大差距。

新加坡作为东南亚地区的最大的综合性港口，具备相对发达的集疏运体系，也是世界集装箱运输的大型港口之一，在2010年和2011年的全球集装箱吞吐量位列第2位，仅低于上海；同时，新加坡在腹地经济状况、港口能力、运输服务水平以及航运产业集聚度等方面具有较高的优势，为国际航运中心的形成与发展提供了必要的支撑条件；相比之下，新加坡集疏运能力、航运市场发达程度、航运产业发展水平和航运产业集聚度的评价方面处于中

游，而基于指标选取和数据采集的原因，新加坡在地区创新能力方面排名靠后，但这并不能说明新加坡国际航运中心的地区创新能力低。

天津作为亚欧大陆桥最短的东端起点，是我国华北地带、西北地带和京津地区较为重要的交通枢纽，已初步形成一定规模的包括铁路、公路、水路和航空等在内的集疏运体系，但集疏运能力仍然较低；同时，在政府政策倾向和地区创新能力方面具有相对的优势，这也为天津建设北方国际航运中心提供了一定的政策支持和技术支持；但是，从综合3种类型国际航运中心来看，天津在腹地经济状况、港口能力、运输服务水平、航运市场发达程度、航运产业集聚度等指标方面处于较低的水平，与新加坡、香港、上海国际航运中心存在较大的差距，这也说明天津在上述指标方面还不成熟，仍有待进一步提高。

（二）单项指标评价结果分析

为了更为清晰地判断天津北方国际航运中心存在的优势和劣势，下面结合国际航运中心演进影响因素的单项指标评价和发展水平一级指标综合评价的结果，对天津北方国际航运中心单项指标评价结果进行详细分析。具体分析结果如下。

其一，腹地经济状况评价结果分析。从三种类型国际航运中心发展水平一级指标的综合评价来看，新加坡、中国香港和上海位于前三位，而天津的实力则相对较弱一些。在腹地经济状况包含的城市综合实力、腹地经济实力和腹地国际贸易能力三个指标中天津的实力较低，从而导致天津整体的腹地经济状况不及香港、新加坡和上海。

就天津而言，腹地经济状况排名相对靠后，这主要是因为相对于发达的香港、新加坡和上海，天津起步较晚，地区的综合实力和经济实力稍弱且是从最近几年才逐步上升。而从腹地国际贸易能力来看，天津的国际贸易能力呈现出相对下降的趋势，这与金融危机的影响具有一定的关系。但也应注意，天津连接着京津冀地区、环渤海地带、华北、西北以及东北地区等广阔的经济地带，腹地经济发展对天津建设北方国际航运中心具有重要的拉动和支撑作用。此外，天津拥有京津双城一体化程度较高的优势，使得更为发达的大都市北京成为天津建设北方国际航运中心的重要依托城市，这也是天津建设北方国际航运中心的又一重要发展条件。

其二，港口能力评价结果分析。从3种类型国际航运中心发展水平一级指标的综合评价来看；新加坡和上海的港口能力较高且位于前两名，香港次之，天津的港口能力最低；从港口能力单项指标评价可以看出，天津的港口规模水平和港口发展水平不高且与新加坡和香港的差距明显，这也是限制天津建设北方国际航运中心的重要因素之一。

从天津的港口能力整体发展趋势来看，仍处于上升的趋势，特别是金融危机的影响减弱，天津的港口吞吐量和集装箱吞吐量有所回升，港口的规模水平和发展水平也不断提高。但是，天津港口的货物吞吐量和集装箱吞吐量与香港、新加坡和上海还有明显差距，此外天津的港口生产能力整体稍弱，其中码头长度和万吨级泊位数要显著低于上海，这也是造成天津港口能力提高较慢的重要原因。

其三，集疏运能力评价结果分析。从 3 种类型国际航运中心发展水平一级指标的综合评价来看，虽然天津的集疏运能力排名靠后，但与香港、上海和新加坡的差距并不明显。

从集疏运能力单项指标评价结果来看，与新加坡和中国香港相比，天津在水路运输方面虽然不具有优势，但 2010 年天津港的集装箱吞吐量明显上升，不同航线的集装箱运量也有较大提高且部分地区航线增幅明显，来自《2010 年天津港口与航运发展报告》的数据显示：在远洋干线方面波斯湾航线增长 16.2%，非洲增长 153.3%，南美增长 302.1%。同样，天津在航空运输能力方面也相对较弱，不及香港、新加坡和上海三地。因此，集疏运体系结构不合理也会限制天津建设北方国际航运中心的进程。

其四，运输服务水平评价结果分析。衡量运输服务水平的指标分别为信息基础设施水平、交通基础设施水平、港口运输服务水平、航空运输服务水平四个指标。从 3 种类型国际航运中心发展水平一级指标的综合评价来看，天津的运输服务水平要明显低于新加坡。从单项指标评价结果来看，天津的交通基础设施水平在 4 个地区比较中排名靠前，但其信息基础设施水平、港口运输服务水平和航空运输服务水平相对较低，从而导致了天津的运输服务水平的评价结果不高。

但是，从天津的运输服务水平的发展态势来看，仍是呈现不断上升的状态。一方面，通过增加政府投资，不断提高交通基础设施水平。2012 年天津滨海新区安排 135 项市政公用和交通设施建设项目，计划完成项目投资总额为 1000 亿元人民币；另一方面，不断拓展天津的港口服务功能，在进出港船舶情况、国际邮轮停靠次数、服务效率、引航服务、拖船服务、理货服务以及内陆无水港服务方面都稳步提升。以内陆无水港服务为例，2010 年，天津港新建大同和嘉峪关 2 个 "无水港"，且共在九省一市建成内陆无水港 18 个，而至 2012 年天津港共辟建了内陆无水港 22 个，从而较大地提高了航运服务中心的功能。

其五，航运产业发展水平评价结果分析。航运产业发展水平的衡量指标主要包括工业发展水平、物流业发展水平和高端服务业发展水平。从 3 种类型国际航运中心发展水平一级指标的综合评价来看，在全要素集聚型和货物集聚型国际航运中心评价的条件下，天津的航运产业发展水平达到了第三位次，高于上海的航运产业发展水平；在航运服务型国际航运中心评价的条件下，天津位列第四，低于新加坡、香港和上海的航运产业发展水平。究其原因，现阶段天津的工业发展水平较高，但物流业发展水平和高端服务业发展水平相对较低，从而导致天津的航运服务业发展水平相对不高，这也将直接影响天津北方国际航运中心的发展速度。但也应看到，现阶段天津的物流业发展水平不断提升，这也成为了天津建设北方国际航运中心的后发动力因素。

从天津目前的航运产业发展情况来看，船舶和海洋工业的发展在天津经济发展占据了举足轻重的作用，2009 年天津拥有规模以上船舶工业企业共 38 家，其中船舶制造企业 9 家，船用配套设备制造企业 5 家，船舶修理及拆船企业 24 家。2011 年 10 月天津临港修造船基地建造的首制船舶顺利交付，50 万吨船坞实现四艘船同时漂浮，三艘船同时出坞。此外，天津还重点发展船运辅助行业。截至 2011 年 2 月，天津的船舶代理企业共 80 家，低于上海的船舶代理数量 120 家，位居全国第五位。同时，天津的无船承运人市场发展迅速。从全国的无船承运人市场来看，截至 2011 年 3 月，上海的无船承运人数量最高，达到 945 个；天津的无船承运人数量为 238 个，比 2009 年增加 16 个；香港的无船承运人数量为 141 个。

其六，航运产业集聚度评价结果分析。从 3 种类型国际航运中心发展水平一级指标的综合评价来看，新加坡、香港和上海的航运产业集聚度较高，排名靠前，天津的航运产业集聚度排名相对靠后；2001~2011 年单项指标评价结果来看，天津的制造业集聚度较高，显著高于中国香港和新加坡，具有相对的优势；在物流业的集聚度方面，天津要低于中国香港和新加坡，而高于上海；而在高端服务业的集聚度方面天津表现较弱，与中国香港差距较大。

此外，从注册国际海上运输企业数量来看，截至 2011 年 1 月在交通运输部登记的 151 家国际班轮运输经营者中，共有 5 家为天津注册者，在国内排名中低于香港的 20 家和上海的 12 家，位于第三位次。同时，注册于天津市天津保税港区的中国远洋股份有限公司是中国最大的航运集团中国远洋运输总公司的上市旗舰。因此，虽然目前天津的航运业集聚度与其他发达地区还尚有差距，但其较快的发展速度也成为了天津建设北方国际航运中心的一大优势之一。

其七，航运市场发达程度评价结果分析。从 3 种类型国际航运中心发展水平一级指标的综合评价来看，天津的航运市场发展程度要低于香港、新加坡和上海，特别是显著低于香港和上海。从单项指标评价结果来看，天津的金融行业规模、市场融资能力和金融服务水平不高，与其他地区同样存在明显的差距，仍需要不断完善。而从航运交易水平来看，继香港、上海、大连等地拥有航运交易所外，天津也正式成立了天津商品交易市场国际船舶交易所，使得天津的航运交易水平有较大提高。

其八，地区创新能力评价结果分析。从 3 种类型国际航运中心发展水平一级指标的综合评价来看，天津的地区创新能力要低于上海，而高于中国香港和新加坡，但彼此之间的差别并不明显；从分阶段结果可以发现，天津的技术创新能力并未出现明显上升的态势，这也直接影响了天津建设北方国际航运中心的技术支持力度，在一定程度上也会限制国际航运中心的快速发展。

其九，政府政策倾向评价结果分析。从 3 种类型国际航运中心发展水平的评价结果来看，天津的宏观税负水平较低，政策优惠力度拥有相对优势，且评价结果要高于新加坡、香港和上海。就目前而言，天津在实施分类通关、转关模式创新和特殊商品海关监管的海关监管政策，综合商务环境政策和税收政策，鼓励发展现代航运服务业的政策以及对融资租赁和离岸金融业务鼓励的金融相关政策等方面实施效果较好（贾大山，2012）。在一定程度有效地促进了天津航运产业的发展、市场环境的改善和航运要素的集聚。基于上述分析，天津拥有的相对良好的政策优惠力度与国家和政府提供的政策支持和财力保障是分不开的，有利于促进国际航运中心平稳较快发展。

第六章 天津建设北方国际航运中心的内容及对策建议

近年来世界各大国际航运中心发展的实践表明，作为实现经济全球化和促进地区经济发展的重要途径，发展和建设国际航运中心也将成为我国各大港口城市的首要任务。对于国内的国际航运中心建设而言，除了已经成熟的香港国际航运中心之外，上海国际航运中心的建设和发展也比较成功，而且是中国最大的金融中心，这也是中国建设国际航运中心的战略基点。此外，天津北方国际航运中心的建设也将推动我国国际航运中心的进一步发展，带动整个内地港口的经济建设和实现现代化、国际化建设。因此，天津北方国际航运中心的发展既是天津及环渤海地区经济发展的需要，也是国家港口发展战略的需要。为此，本书在科学发展观的框架下提出了全面建设天津北方国际航运中心的目标定位、重点建设内容以及天津建设北方国际航运中心的对策建议。

第一节 天津北方国际航运中心的定位及重点建设内容

一、天津建设北方国际航运中心的目标定位

加快建设天津北方国际航运中心，提高天津北方国际航运中心的发展水平的策略研究应该围绕天津北方国际航运中心的发展目标定位以及重点建设内容展开。通过综合评价结果得出天津北方国际航运中心更为接近货物集聚型国际航运中心，然而货物集聚型国际航运中心发展具有一定的局限性，只重视货物运输，忽视航运产业和航运市场发展不是长久之计。因此，天津建设国际航运中心的定位应为：将建成货物集聚型国际航运中心作为中短期目标，将建成全要素集聚型国际航运中心作为长期目标。

二、天津建设北方国际航运中心的重点建设内容

天津建设北方国际航运中心应重点建设以下几个方面的内容。

一要完善港口集疏运体系的结构，重点加强航空运输和公路运输功能建设，实现海陆空铁一体化的集疏运体系。天津港的集疏运方式主要依赖于水路运输和铁路运输，这一点较为符合国家的可持续发展战略，同时可以节约大量的综合成本。但是，不完善的集疏运体系必将限制国际航运中心的发展，通过加强公路运输建设有助于提高内陆转口贸易，通过加强航空运输有助于提高国际转口贸易。因此，全面推进天津的集疏运体系建设，应重点加强四方面工作：首先，应进一步提高天津的海港通过能力，特别是应加强港口深水航道和专业化码头的建设；其次，应加快天津的航空基础设施建设，规划和发展与货物运输相配套的产业群体，以实现天津的航空货运枢纽的作用；再次，应加强天津与经济腹地联系的高速公路、高速铁路建设，吸引更多的航运要素和货源集聚；最后，应积极发展海铁联运、空铁联运服务，提升天津港集疏运能力，从而增加天津北方国际航运中心的集聚和辐射能力。

二要加强港航信息平台、港口运输服务和航空运输服务的建设，打造高效便捷的运输服务平台。应从全局角度出发，具备长远发展的战略眼光，加快建立天津港航综合信息平台，既要建立天津港航 EDI 中心和电子口岸平台，还要建立联系天津港与海事海关、检验检疫、物流运输以及金融保险类高端服务机构等范畴的综合信息平台，以实现天津港口、船公司、船代和货代公司、集疏运场站、金融机构、港口服务企业、货主与政府部门之间的高效便捷的电子数据交换服务功能，从而节省时间与成本。除此之外，其他运输服务功能还包括：打造高水平的空港联运服务功能，满足客户的服务需求；24小时的海事服务，提高服务工作效率；具备完善的物流设施，建设仓储中心、物流中心和配送中心；提供完善的供应服务，包括各种燃料和物资储备等。

三要提升航运金融服务水平，推动海上保险中介业发展。国际经验表明，航运金融市场的发达程度不同会直接影响国际航运中心所属类型，同时航运业与金融业之间存在着基于金融产品服务需求互相拉动发展的内在紧密联系，因此天津建设国际航运中心必须要重点发展航运金融市场。一则，针对天津港有效实施"自由港"政策，实现向贸易自由港区转化并试点开办离岸金融和离岸保险服务。只有这样才能提升港口竞争力和改善口岸环境，增强对国际集装箱中转的吸引力，从而有力地促进地区的经济贸易和航运产业发

展；二则，加强航运金融产品的研发，鼓励金融创新业务的开展。金融机构应在国家政策允许范围内最大限度地满足航运企业的需求，推出更多满足船公司、船代和货代公司等航运企业需求的航运金融产品，提供更为优惠的多元化融资方式；三则，健全和发展保险市场，吸引更多的国内外保险机构的集聚，促进保险经纪、保险公估、法律服务以及船舶检验等保险中介行业的发展，同时做好监管工作，确保公平竞争和保赔合理。

四要建设船舶工业的示范基地，带动现代物流产业的发展。天津应着力打造与国际航运中心相适应的造船产业链和相配套的现代物流服务。通过新技术的引进和吸收、新产品的研发来提高船舶工业的竞争力，不断扩大船舶制造产业规模，使船舶工业成为天津建设北方国际航运中心的重要支柱。同时，积极推动规模以上船舶工业企业实施制造业和物流业联动发展试点，将EDI 技术、射频技术、GIS 技术和 GPS 技术等现代物流技术应用于船舶工业物流中，运用新技术提高物流运输效率。

五要加快天津航运交易市场建设，提升航运市场发达程度。更加开放的航运交易市场是国际航运中心成为要素资源集聚中心地区的必要条件。目前，天津已建立航运交易所——天津商品交易市场国际船舶交易所，成为了天津航运交易水平提高的重要标志。此外，天津还拥有天津金融资产交易所、天津文化产权交易所、天津股权交易所、天津贵金属交易所等间接提升航运交易水平的各种交易所。与此同时，还应具备完善的航运交易配套的法律法规、实现信息公开透明的航运交易服务场所，从而促进航运交易活动的公平、公正和有序进行。

六要积极落实政策创新，提升政府服务效率。2011 年国家已批复了《天津北方国际航运中心核心功能区建设方案》，要求天津滨海新区应全面推进国际船舶登记制度、国际航运税收、离岸金融和租赁业务的试点工作。在"先试先行"的大原则下，选择一些大型的国有骨干航运企业和国有银行保险类机构开展合作，推进政策创新的落实；同时，需要政府的扶持和配合，全面实现贸易自由开放的政策，简化通关程序，提高货物装卸、配送、运输服务的效率。此外，还应提高工作人员的双语交流、服务态度等基本素质，延长海关和检疫部门的工作时间，并做到 24 小时全天候服务，以缩短远洋货轮因时差而产生的等候时间，从而加快货物流通的速度和效率。

第二节　天津建设北方国际航运中心的对策建议

一、转变政府职能积极推进北方国际航运中心建设的工作机制

根据发达国家的经验表明，国际航运中心的形成与发展是一个系统而复杂的过程，因此为积极推进天津北方国际航运中心建设的工作机制，首先，需要成立专门的国际航运中心协调机构，通过与航运服务机构、物流企业及其他政府部门相互协调和合作，为国际航运中心的发展提供制度保障；其次，培育各种航运行业组织和中介组织机构，政府各部门要转变政府职能，加强对这些组织机构的支持、管理与服务的力度，同时要有针对性地选择试点机构，开展试点示范工程；再次，要规范航运市场行为。一方面要加强监督管理职能，坚决打破物流服务、高端航运服务等行业垄断，要依法消除阻碍跨区域、跨行业的航运服务行为，从而避免恶性竞争以及欺骗行为的出现。另一方面，要营造宽松、公平、公开的航运市场环境，在航运业及相关行业的审批政策、放宽国际航运企业市场准入条件以及自由贸易港区相关政策上要加快政策的创新及落实。

二、整合区域资源推动天津国际口岸的建设

天津港所处地理位置优越，已具备建设国际一流大口岸的先决条件。加快天津国际口岸的建设，一要加强区域内资源的整合，统筹北疆、东疆、南疆港区以及大沽口港区、高沙岭港区、大港港区、海河港区、北塘港区的专业化分工与协作，实行统一协调，推动整个区域内的沟通、协作以及转型升级，从而为天津建设北方国际航运中心提供更为广阔的空间；二要促进港口间的广泛合作，共同制定海洋环境保护相关法规条例，深入开展检验检疫合作，共同开发数据交流平台，合作举办经验交流活动，提高港口群的协作力度，打造区域品牌；三要加大公共设施的投资，推动港口的通道规划和建设，推进天津空港航站楼建设，推动多式联运及内河转运建设，更为充分地发挥天津港的集疏运功能；四要营造公平合理的竞争环境，提升港口的服务水平，加强码头开发服务保障力度，提供优质的服务和高效的通关速度，强力推动天津建成兼具工业、商业、休闲娱乐港以及科考和邮轮母港的综合性国际一流海港。

三、加快天津集疏运网络体系的建设

加快天津北方国际航运中心的集疏运体系建设，首先应做好天津的集疏运体系的规划建设，形成布局合理、港区航线对接的集疏运网络系统；其次，加快修建天津直通经济腹地的铁路通道建设，特别是通往东北、西北的高速铁路建设，以适应腹地经济的发展需求，使得天津真正起到华北、东北、中西部与国际联系的枢纽作用；再次，加大天津及周边地区的高速公路建设投资，在唐津高速、津晋高速、京津高速、津沧高速、津保高速、津沪高速、京沈高速、津蓟高速、荣乌高速等既有高速公路的基础上进行拓宽改造、提升运力，同时完善天津与其他地区的高速公路建设，进一步提升天津港口与经济腹地联系的公路交通能力；最后，完善天津滨海机场集疏运网络，加大机场基础设施投资的力度，建设快速便捷的联接机场与滨海新区核心区和海河中游地区的联系通道。实现天津北方国际航运中心与航空物流中心的有效结合，使其成为大型门户的国际枢纽机场。

四、打造国际性高水平的综合性港口

打造国际性高水平综合性港口应从以下几方面展开：一是，为适应现代化国际性港口的船舶大型化发展趋势，应加强深水航道工程的建设，特别是做好30万吨级港口的建设项目；二是，建设现代化集装箱和大型散货码头群，特别是增加大型集装箱泊位数、国际30万吨级的原油码头数以及LNG码头的数量，还应重点规划建设具备专业化的煤码头、铁矿石码头等工程，此外还应完善邮轮母港和休闲娱乐港等功能的建设；三是，全面提高天津港口的运营效率。开展港区联动和推行天津电子口岸的建设，加快数字物流系统的开发，促进东疆保税港区向贸易自由港区升级，在原有对货物进出口实行一次性的"报检、检验检疫、放行"直通放行模式的基础上，大力推行一次性的"报关、查验和放行"的贸易便利化通关服务。

五、利用"先试先行"推进天津航运金融市场的发展

利用"先试先行"推进天津的航运金融市场发展应遵循以下几个方面的原则：其一，必须着眼于为京津地区、环渤海地区以及全国的航运中心建设、港口城市发展、航运制造产业发展、航运物流发展、邮轮产业发展以及船舶租赁、船舶投融资管理、航运信托与经纪等航运高端服务业发展等领域提供融资和服务等优惠和鼓励政策；其二，强化天津金融市场的主要特色之处，继天津东疆保税港区已成为国内首个"资本项意愿结汇"保税监管区域之后，提高金融市场的融资自由度，打通境外融资渠道。以租赁行业为例，可以允

许金融租赁公司在一定范围内在境外进行融资，允许租赁公司收取外币并进入开设的外汇账户；其三，依托天津滨海新区综合配套改革试验区和东疆贸易自由港区的建设，构建天津航运金融服务园区，培育高端航运产业集群。一方面，在航运金融税收、航运金融交易条件等方面给予优惠，如放松对服务园区内金融机构开发新的航运金融产品的审批程序、给予金融机构和航运相关企业一定的税收优惠，吸引更多的金融机构、航运企业以及航运服务中介机构进入服务园区。另一方面，提供优惠的税收及金融政策构建航运金融交易平台，为航运企业融资交易、金融产品交易提供便利条件(计小青，2012)。

六、出台促进航运制造业和物流服务业的联动发展

随着经济全球化的发展以及跨国公司的进入，现代制造业的发展与物流业的发展息息相关，现代制造业的发展和竞争是以信息技术与供应链管理技术为基础的现代供应链间的竞争（刘秉镰和王玲，2009），因此出台促进航运制造业和物流服务业联动发展的政策是国际航运中心建设的必然趋势。第一，支持大型船舶工业及其配套的生产服务业联动发展的示范工程和重点项目的开发，重点在研发关键技术、推出新船舶产品、参与国际行业标准制定等方面有所突破；第二，整合资源，重构船舶制造企业集团，打造船舶制造业产业基地，进而带动物流业的发展；第三，制定物流产业发展规划，重视以船公司为主第三方物流企业发展，建议在注册审批、土地使用权的租赁、土地置换以及融资租赁等方面给予一定的税收优惠和政策扶持。

七、制定增强天津北方国际航运中心的信息服务功能

为增强天津北方国际航运中心信息服务功能，需着重注意以下几个方面：第一，天津亟须加快建设航运中心的协同服务平台，整合天津口岸内的政府职能部门、各大航运企业、金融保险机构、航运中介服务机构以及其他的优势资源，构建集智能化、网络化、可视化和协同化于一体的航运服务平台；第二，在港口现代化生产调度指挥中心和电子口岸工程建设相对成熟的基础上，推进各区域港口统一的港航信息平台建设，特别在金融系统联网、保险核保与理赔联网、航运企业信息共享等方面要重点建设；第三，在已发布北方国际集装箱运价指数（TCI）、北方国际干散货运价指数（TBI）、沿海集装箱运价指数（TDI）的基础上，通过引入更多的研究机构和科研院所参与航运指数的制定，提出更多更有价值的航运指数，拓展天津北方国际航运中心的信息服务功能。

八、推动与国际接轨的海事法律制度创新

推动与国际接轨的海事法律制度创新，主要从以下几个方面展开：一是，积极推动天津北方国际航运中心出台相应的国际船舶登记制度细则，吸引更多的方便旗船回国登记；二是，借鉴英国、德国、荷兰以及日本等国的航运吨税制度做法，在天津北方国际航运中心开展试点，以促进航运业的长期发展；三是，不断完善中国海事仲裁委员会天津海事仲裁中心、中国海事仲裁委员会天津海事调解中心以及中国国际贸促会天津海损理算中心的职能，真正做到产权明晰、贴近市场、高效运行以及服务至上等原则，必须公开、公正、公平以及快捷地解决海事海商争议，及时有效地处理海损事故理算等业务。

九、制定适合行业要求的天津国际航运高端人才发展战略

要重视航运高端人才的引进和培养，为天津北方国际航运中心的发展提供智力支持。首先，应健全人才市场的法规体系，针对人才市场制度、市场竞争制度以及人才流动的配套制度等进行改革，为人才竞争创造公开、合理、有序的政策环境；其次，积极落实航运人才引进的各项政策，特别是航运金融、航运经纪、海事法律与仲裁以及航运管理等方面的高层次人才要作为重点的引进人才项目；最后，还应依托南开大学、天津大学等本地知名的高等院校、国内外知名的海事大学以及各类科研院所的优势资源培养航运服务人才，同时应适时成立专业性较强的天津海事大学，构建多层次全方位的航运人才培养体系，将天津打造成环渤海地区优势明显的现代航运高端人才的培养基地。

参考文献

[1] 孙光圻. 大连东北亚重要国际航运中心的基本概念和功能定位. 大连海事大学学报（社会科学版），2004，3（1）：68～71.

[2] 王杰. 国际航运中心形成与发展的若干理论研究（博士学位论文）. 大连：大连海事大学，2007：21～34.

[3] 裴松. 大连东北亚国际航运中心发展问题研究（博士学位论文）. 大连：大连海事大学，2008：19～36.

[4] 黄有方. 上海国际航运中心建设的再认识. 上海海事大学学报，2009，6（2）：1～4.

[5] 金震东. 国际航运中心软实力指标体系构建与评价研究（博士学位论文）. 大连：大连海事大学，2010：6～13.

[6] 张颖华. 港航产业成长与上海国际航运中心建设（博士学位论文）. 上海：上海社会科学院，2010：34～51.

[7] 李智慧. 上海国际航运中心发展模式选择. 商业经济，2010，（1）：33～34.

[8] 马怡济. 大连东北亚国际航运中心软实力提升策略研究（博士学位论文）. 大连：大连海事大学，2011：9～20.

[9] 段志强. 大连国际航运中心发展模式研究（博士学位论文）. 哈尔滨：哈尔滨工业大学，2006：46～88.

[10] 茅伯科. 关于国际航运中心定义的思考——国际航运中心建设需要从"港本位"转向"航本位". 水运管理，2009，（4）：1～4.

[11] 马硕. 什么是国际航运中心？. 水运管理，2007，7（7）：1～5.

[12] 罗萍，尹震. 国际航运中心的形成与发展及我国国际航运中心的建设. 中国经贸导刊，2003，（9）：18～20.

[13] 杨赞. 国际航运中心发展问题探讨. 交通建设与管理，2006，10：23～28.

[14] 周令源，刘洺昇，张婕姝. 国际航运中心与枢纽港的界定及联系. 中

国水运（下半月），2009，4（4）：1～2.

[15] 杨健勇. 现代港口发展的理论与实践研究（博士学位论文）. 上海：上海海事大学，2005：249～255.

[16] 李勤昌. 关于东北亚国际航运中心竞争策略. 东北亚论坛，2006，7（4）：46～51.

[17] 张丽. 伦敦发展国际航运中心的经验及启示. 港口经济，2008，9：54～56.

[18] 龚高健，张燕清. 建设环台湾海峡国际航运中心问题探讨. 亚太经济，2009，（1）：99～103.

[19] 许淑君. 上海资源配置型国际航运中心发展研究. 上海财经大学学报，2010，4：58～65.

[20] 孙开钊，荆林波. 关于中国港口竞争国际航运中心的探讨. 经济与管理，2010，4（4）：43～48.

[21] 郭永清. 从航运业的发展规律解读"国际航运中心"的内涵. 大连海事大学学报（社会科学版），2011，8：31～35.

[22] 屠启宇. 论国际航运中心的模式变迁与上海的选择. 世界经济研究，1996，（4）：57～60.

[23] 徐剑华. 上海国际航运中心深水港目标的战略定位探讨. 中国软科学，1996，（11）：63～72.

[24] 马淑燕. 上海国际航运中心建设若干问题探讨. 经济地理，1998，12（4）：75～80.

[25] 许长新，严以新. 上海国际航运中心发展的瓶颈制约及其突破. 中国软科学，1999，11：77～79.

[26] 韩汉君. 上海国际航运中心建设：城市竞争力的基础和保障. 上海经济研究，2006，（9）：47～61.

[27] 汪传旭，杨春勤，吴健中. 国际航运中心模式的变化及上海国际航运中心的时代标志. 中国航海，1997，（2）：2～6.

[28] 庄崚，范远汇，吴蓉. 第四代国际航运中心模式创新初探. 港口经济，2010，5：16～17.

[29] 茅伯科. 国际航运中心的代际划分. 水运管理，2010，11（11）：6～8.

[30] 王杰. 国际航运中心形成与发展的若干理论研究. 大连：大连海事

大学，2007：77.

[31] 安筱鹏，韩增林，杨荫凯. 国际集装箱枢纽港的形成演化机理与发展模式研究. 地理研究，2000，12（4）：384～390.

[32] 曹有挥. 中国沿海集装箱港口体系形成演化机理. 地理学报，2003，58（3）：424～432.

[33] 藤田昌久，P.克鲁格曼，A.J. 维纳布尔斯等. 空间经济学——城市、区域与国际贸易. 北京：中国人民大学出版社，2005．151～153.

[34] 黄顺泉，余思勤. 全球供应链企业的港口集聚模型与仿真. 同济大学学报（自然科学版），2011，9：1401～1406.

[35] 侯荣华. 建设上海国际航运中心与国际集装箱枢纽港. 同济大学学报（社会科学版），2000，3（1）：12～28.

[36] 高汝熹，宋炳良. 国际航运中心建设与"K"字型发展轴. 上海经济研究，2001，（4）：35～38.

[37] 李赖志. 构建大连东北亚国际航运中心的路径选择——以新加坡国际航运中心的建设发展为例证. 东北财经大学学报，2005，9（5）：46～48.

[38] 徐步清，张媛. 发展高端航运服务业扩大上海国际航运中心影响力. 交通企业管理，2011，（3）：22～24.

[39] 计小青. 上海国际航运中心建设的金融支持政策研究. 上海财经大学学报，2011，10（5）：90～97.

[40] 任声策，宋炳良. 航运高端服务业的发展机理——服务业融合的视角. 上海经济研究，2009，（6）：112～118.

[41] 王列辉. 高端航运服务业的不同模式及对上海的启示. 上海经济研究，2009，（9）：99～108.

[42] 吴向鹏. 高端航运服务业发展机理、模式与启示. 港口经济，2010，3：24～27.

[43] 高志军，刘伟. 航运服务集聚区的发展演化机理. 上海海事大学学报，2011，（2）：1～6.

[44] 吴长春，马晓雪. 建设东北亚航运中心与人才战略. 东北亚论坛，2007，1：22～26.

[45] 林锋. 把上海国际航运中心建成全球航运资源配置中心. 社会科学，2010，（6）：28～36.

[46] 姚璐. 国际航运中心的条件模式对上海国际航运中心建设的启

示．水运管理，2011，5（5）：9～10.

[47] 贾大山．加快天津北方国际航运中心建设的对策建议．港口经济，2006，6：15～17.

[48] 王忠文．天津北方国际航运中心显现航运金融服务潜力．观察与思考，2011，7：51.

[49] 周跃．建设厦门东南国际航运中心的可行性研究．中国港口，2012，1：17～19.

[50] 上海市统计局工业交通处课题组．上海国际航运中心建设统计指标体系初探．统计科学与实践，2012，（11）：54～56.

[51] 姜超雁，张婕姝，真虹．国际航运中心建设对上海经济发展的贡献度研究．科学发展，2012，（7）：18～24.

[52] 张婕姝，周德全．上海国际航运中心建设的比较与思考．观察思考，2012，5：22～23.

[53] 高伟凯．国际航运中心发展趋势与实证研究——以天津北方国际航运中心建设为例．现代经济探讨，2012，（7）：19～23.

[54] 龚道前．伦敦国际航运中心的演进及实证研究．对外经贸，2012，（10）：37～39.

[55] 任声策，宋炳良．金融中心与航运中心的互动发展及因果关系——来自上海的证据（1978~2007）．当代经济管理，2010，5：79～83.

[56] 徐杏．上海国际航运中心的竞争优势分析（博士学位论文）．南京：河海大学，2003：62～77.

[57] 徐凌．大连国际航运中心建设 SEA 的系统动力学研究．地理科学，2006，（3）：351～357.

[58] 亚当·斯密著．国民财富的性质和原因的研究．杨敬年，译．西安：陕西人民出版社，2001.

[59] 郝寿义．区域经济学原理．上海：上海人民出版社，2007.

[60] 计小青．上海国际航运中心建设的金融引擎．上海：上海财经大学出版社，2012.

[61] 约翰·冯·杜能著．孤立国同农业和国民经济的关系．吴衡康，译．北京：商务印书馆，2009.

[62] 沃尔特·克里斯塔勒著．德国南部中心地原理．常正文，王兴中译．北京：商务印书馆，1998.

[63] 奥古斯特·廖什著. 经济空间秩序. 王守礼，译. 北京：商务印书馆，2010.

[64] 杨吾扬. 经济地理学、空间经济学与区域科学.地理学报，1992（6）：561~569.

[65] 瓦尔特·艾萨德著. 区位与空间经济. 杨开忠等，译. 北京：北京大学出版社，2011.

[66] 张天宝. 基于城市——区域视角的城市空间规划策略研究——以重庆市分州区为例. 重庆：重庆大学，2012：33~46.

[67] 真虹，茅伯科，金嘉晨，周德全. 国际航运中心的形成与发展. 上海：上海交通大学出版社，2012.

[68] 藤田昌久，雅克-弗朗科斯·蒂斯著. 集聚经济学. 刘峰，张雁，陈海威，译. 成都：西南财经大学出版社，2004.

[69] 苏立峰，雷强. 国际金融中心演进影响因素的实证检验. 世界经济研究，2009，（7）：34~39.

[70] 范晓莉. 城市化、财政分权与中国城乡收入差距相互作用的计量分析. 现代财经（天津财经大学学报），2012，3:44~53.

[71] 郝寿义，范晓莉. 贸易自由化、企业异质性与空间集聚——探寻中国经济增长影响因素的经验研究. 西南民族大学学报（人文社会科学版），2012，（7）：101~108.

[72] 于汝民. 加快滨海新区开发开放打造北方国际航运中心. 港口经济，2005，5：22~25.

[73] 贾大山. 加快天津北方国际航运中心建设的对策建议. 港口经济，2006，6：15~17.

[74] 交通部水运科学研究院. 天津北方国际航运中心发展战略规划. 研究报告，2008，12：16.

[75] 天津市经济发展研究所课题组. 加快北方国际航运中心核心功能区建设——必须推进与东疆港向自由贸易港转型相适应的离岸金融业务发展. 环渤海经济瞭望，2012，（8）：3~8.

[76] 武超. 天津港北方国际航运中心建设与其腹地互动研究. 当代经济，2009，3（下）：93~94.

[77] 高伟凯. 国际航运中心发展趋势与实证研究——以天津北方国际航运中心建设为例. 现代经济探讨，2012，（7）：19~23.

[78] 梁怀民. 天津港发展国际航运中心的差距分析与对策. 商品与质量，2012，8：15.

[79] 刘秉镰，杨静蕾，王辰璐. 天津港与京津城市互动发展变迁过程研究. 中国港口，2012，10：28～33.

[80] 郝寿义，范晓莉. 城市化水平、技术创新与城市经济增长——基于我国 25 个城市面板数据的实证研究. 现代管理科学，2012，1：74～76.

[81] 马社强. 区域道路交通安全评价的理论与方法（博士学位论文）. 北京：北京交通大学，2011：69.

[82] 贾大山. 东疆保税港区政策创新及向自由贸易港区转型实施路径分析. 建设天津东疆自由贸易港区研讨会演讲集，2012，12.

[83] 范晓莉，王振坡. 企业异质、产业集聚与城市空间结构演变——新新经济地理学视角的理论解释与动态分析. 西南民族大学学报（人文社会科学版），2015（1）：136～144.

[84] 刘秉镰，王玲. 做大做强现代物流业加快建设北方国际物流中心的对策研究. 南开大学现代物流研究中心，2009，11：79.

[85] 范晓莉. 城市化、能源消费与中国经济增长——基于新经济地理视角的动态关系研究. 西南民族大学学报（人文社会科学版），2014（1）:120～127.

[86] 范晓莉，郝寿义. 创新驱动下规模经济与经济增长的动态关系研究——基于新经济地理学视角的解释. 西南民族大学学报（人文社会科学版），2016（4）：116～122.

[87] 范晓莉. 基于均方差法与灰色关联模型的港口城市竞争力评价. 商业经济研究，2015（13）：135～137.

[88] P. W. de Langen. Clustering and Performance: The Case of Maritime Clustering in The Netherlands. Maritime Policy & Management, 2002, 29 (3): 209～221.

[89] Fisher Associates. The Future of London's Maritime Services Cluster: A Call for Action. London: Corporation of London, 2004.

[90] Taaffe E. J., Morrill L, Gould P. R. Transportation Expansion in Underdeveloped Countries: A Comparative Analysis. Geography Review, 1963, (53): 503～529.

[91] James Jixian Wang. A Container Load Center with a Developing

Hinterland: A Case Study of Hong Kong. Journal of Transport Geography, 1998. 187~201.

[92] Hayuth Y. Containerization and the Load Center Concept. Economic Geography, 1981, 57 (2): 160~176.

[93] Fujita M, Mori T. The Role of Ports in the Making of Major Cities: Self— Agglomeration and Hub Effect. Journal of Development Economics, 1996, (49): 93~120.

[94] Alonso, W. Location and Land Use. Cambridge, MA: Harvard University Press, 1964.

[95] Anderson, Simon P., Damien J. Neven. Cournot Competition Yields Spatial Agglomeration. International Economic Review, 1991, 32 (4): 793~807.

[96] Melitz M.J. The Impact of Trade on Intra-Industry Reallocations and Aggregate Industry Productivity. Econometrica, 2003, 71 (6): 1695~1725.

[97] Baldwin R. E. and T. Okubo. Agglomeration and the Heterogeneous Firms Trade Model. Working Paper, 2005.

[98] Baldwin R. E. and T. Okubo. Agglomeration, Offshoring and Heterogeneous Firms. CEPR Discussion Paper, 2006a, No. 5663.

[99] Baldwin J. R., Okubo T. Heterogeneous Firths. Agglomeration and Economic Geography: Spatial Selection and Sorting. Journal of Economic Geography, 2006b, 6 (3): 323~346.

[100] Andrew B. Bernard et al. Firms in International Trade. Journal of Economic Perspective, 2007, 21: 105~130.

[101] Okubo T. Trade Liberalization and Agglomeration with Firm Heterogeneity: Forward and Backward Linkages. Regional Science and Urban Economics, 2009, 39 (5): 530~541.

[102] Okubo T., Picard P. M., Thisse J. The Spatial Selection of Heterogeneous Firms. Journal of International Economics, 2010, 82 (2): 230~237.

[103] Okubo T. Firm Heterogeneity and Location Choice. RIETI Discussion Paper No. DP2010-11, 2010.

[104] Lafourcade & Mion. Concentration, Spatial Clustering and the Size of Plants. CORE Discussion Paper, 2003, Dec. 8.

[105] Alsleben, C. Spatial Agglomeration, Competition and Firm Size. Working Paper, University of Dortmund, Sep, 2005.

[106] Combes, Duraton & Gobillon. Spatial Wage Disparities: Sorting Matters!. CEPR Discussion Paper, 2004. 4240.

[107] Venable, A. Productivity in Cities: Self-selection and Sorting. Journal of Economic Geography, 2011, 11: 241～251.

后　记

光阴荏苒，岁月如梭。2013 年春天来临之时，也是我的博士论文合卷之日。回想起三年的读博生活，我无时无刻不在感受着老师们的关爱、同学们的帮助。在此，我谨向关心帮助过我的老师、同学以及亲朋好友表示崇高的敬意和衷心的感谢。

三年前，我怀着无尽的遐想来到了南开大学，跟从恩师郝寿义教授学习研究区域经济学。郝老师以其渊博的知识、开阔的视野、敏锐的思维和高度的敬业精神给了我深深的启迪。郝老师一直保持着每周七个工作日的习惯，旺盛的工作精力和兢兢业业的处事作风令人叹为观止，还依稀记得郝老师身体不适依然坚持给我们上课，以至于身体透支被迫住院的情形。这份坚持，让我永世难忘。恩师给予我们的将是一生的宝贵财富。

本书无论是选题还是最终定稿都是在郝老师的精心指导下完成的。在本书的选题、研究的进展以及文章的修改等环节，郝老师的言传身教使我受益匪浅。在这里，对我的恩师郝老师道一声，老师您辛苦了。我愿一生做您的学生，向您学习，努力工作，在今后科学研究的道路上奋发向上。

本书能够得以完成，还要感谢蔡孝箴先生、江曼琦老师、刘秉镰老师、安虎森老师、白雪洁老师、王燕老师、杜传忠老师。感谢各位老师的传道解惑，才能使我在这几年的博士学习过程中汲取更多的专业知识和迅速提升科研能力。更要感谢江曼琦老师和王燕老师为本书的结构、研究方法等提出的非常好的建议。

本书完成之时，让我想起了在学习、工作和研究中也给予了我很大帮助的同门师兄师姐。感谢我的同门王旺平和李嬛在三年中对我的关心和帮助，同窗之谊，我将终生难忘！感谢王家庭师兄、孙兵师兄、黄凌翔师兄、郝大江师兄、张换兆师兄、倪方树师兄和封旭红师姐对我在学习上的支持和勉励，他们也将成为我生命中最为宝贵的财富。

我要特别感谢我的父母和妹妹，多年来对我的学习、生活的支持和鼓励，他们对我无私的爱与照顾是我不断前进的动力。感谢我的先生李友得对我学习的理解和支持，我的先生也是一位大学老师，在完成大量教学科研任务之余还把所有的家庭重担扛在肩上，在我遇到困难的时候，给予了我战胜困难的信心和力量，使我得以顺利完成了学业。本书凝结了他们的心血、教诲和温暖！

这么多亲朋好友对我的关爱和帮助，让我感觉到世间的美好！我将在今后的工作、学习中加倍努力，不断地提高自己、完善自己，学以致用，回报大家的深情厚谊。

作者简介

范晓莉，女，汉族，生于1982年5月2日，2013年7月毕业于南开大学城市与区域经济研究所，获经济学博士学位。现为天津城建大学经济与管理学院讲师。

主要从事城市与区域经济、宏观经济等方面的教学与研究工作。主持完成省部级项目1项，在《西南民族大学学报（人文社会科学版）》《干旱区资源与环境》《经济经纬》《现代财经（天津财经大学学报）》《现代管理科学》《管理现代化》《商业经济研究》《生态经济》等核心期刊上发表论文十余篇，参与著作1本。目前参与国家社科项目2项，主持天津市哲学社会科学规划项目1项。